JE SUIS FATIGUÉ
de Dany Laferrière
est le cent soixante-sixième ouvrage
publié chez
LANCTÔT ÉDITEUR
et le quinzième de la
«petite collection lanctôt.»

autres ouvrages parus dans la même collection

Pierre Bourgault
LA POLITIQUE
Écrits polémiques, tome 1

Pierre Bourgault
LA CULTURE
Écrits polémiques, tome 2

Jacques Ferron
LA CONFÉRENCE INACHEVÉE,
LE PAS DE GAMELIN ET AUTRES RÉCITS
Préface de Pierre Vadeboncoeur

Jacques Ferron
GASPÉ-MATTEMPA, récit

Jacques Ferron
LE SALUT DE L'IRLANDE, roman
Préface de Pádraig Ó Gormaile

Michel Garneau
LES PETITS CHEVALS AMOUREUX, poésie

Dany Laferrière
PAYS SANS CHAPEAU, roman

Suzanne Lamy
LA CONVENTION, récit
Préface d'André Gervais

Gaston Laurion
LES LAIS DE MARIE FRANCE
Transposition en français contemporain

Jean Marcel
LA CHANSON DE ROLAND
Version moderne en prose

Jean Marcel
LE CHANT DE GILGAMESH, récit sumérien traduit et adapté

Karl Marx et Friedrich Engels
LE MANIFESTE DU PARTI COMMUNISTE
Présentation de François-Marc Gagnon

Marcel Godin
CE MAUDIT SOLEIL, roman

Marcel Godin
UNE DENT CONTRE DIEU, roman

à paraître

Jacques Ferron
ROSAIRE, suivi de L'EXÉCUTION DE MASKI

JE SUIS FATIGUÉ

Comment faire l'amour avec un Nègre sans se fatiguer, 1985, Montréal, VLB éditeur; 1999, Paris, Le Serpent à plumes.

Éroshima, 1987, Montréal, VLB éditeur; 1998, Typo

L'odeur du café, 1991 (prix Carbet de la Caraïbe, 1991), Montréal, VLB éditeur.

Le goût des jeunes filles, 1992, Montréal, VLB éditeur.

Cette grenade dans la main du jeune Nègre est-elle une arme ou un fruit? 1993, Montréal, VLB éditeur.

Chronique de la dérive douce, 1994, Montréal, VLB éditeur.

Pays sans chapeau, 1996, Outremont, Lanctôt éditeur; 1999, Paris, Le Serpent à plumes.

La chair du maître, 1997, Outremont, Lanctôt éditeur; 2000, Paris, Le Serpent à plumes.

Le charme des après-midi sans fin, 1997, Outremont, Lanctôt éditeur; 1998, Paris, Le Serpent à plumes.

Le cri des oiseaux fous, 2000 (prix Carbet des lycéens, 1991), Outremont, Lanctôt éditeur; 2000, Paris, Le Serpent à plumes.

J'écris comme je vis, 2000, Outremont, Lanctôt éditeur; 2000, Lyon, La passe du vent.

Dany Laferrière

JE SUIS FATIGUÉ

LANCTÔT
ÉDITEUR

LANCTÔT ÉDITEUR
1660 A, avenue Ducharme
Outremont (Québec)
H2V 1G7
Tél. : (514) 270.6303
Téléc. : (514) 273.9608
Adresse électronique : lanctotediteur@videotron.ca
Site internet : www.lanctotediteur.qc.ca

Photo de la couverture : Martine Doyon

Maquette de la couverture et mise en pages :
Folio infographie

Distribution :
Prologue
Tél. : (450) 434.0306 ou 1.800.363.3864
Téléc. : (450) 434.2627 ou 1.800.361.8088

Distribution en Europe :
Librairie du Québec
30, rue Gay-Lussac
75005 Paris
France
Téléc. : 43.54.39.15

Nous remercions le ministère du Patrimoine canadien et le Conseil des
arts du Canada de l'aide accordée à notre programme de publication.
Nous remercions également la SODEC, du ministère de la Culture et des
Communications du Québec, de son soutien. Lanctôt éditeur bénéficie du
Programme de crédit d'impôts pour l'édition de livres du gouvernement
du Québec, géré par la SODEC.

Préface à l'édition québécoise

Dany Laferrière n'a sûrement jamais chanté cette fameuse chanson de Luc Plamondon, «J'aurais voulu être un artiste». Et pourtant, depuis quelques années déjà, il passe sa vie en l'air, entre Montréal, Port-au-Prince, Barcelone, Paris, Berlin, Bruxelles, Miami, New York et quelques autres capitales où ses livres sont traduits et où on l'invite chaleureusement pour disserter de choses et d'autres, de littérature, bien entendu, mais aussi de la vie, de ses origines petit-goaviennes, de ses projets, etc. Son statut de créateur planétaire ne l'a pas transformé pour autant en méga star, il est demeuré modeste, trop modeste, à mes yeux, malgré son discours sur ses ambitions de conquête. En fait, Dany est une anti-star: pas de verres fumés pour passer incognito dans le métro ou sur la rue où les camionneurs lui donnent toujours du «Bonjour, Dany, ça va?» à qui mieux mieux. Pas de belles toilettes, avec complet-cravate à la mode. (Fallait le voir, sur le plateau de l'émission *Bouillon de culture*: cette fois-là, Dany s'était particulièrement soigné, avec une cravate d'un rose à crever l'écran!). Pas de siège permanent sur les jurys des deux Conseils des arts. Pas de prix littéraire, québécois ou canadien (ni même ontarien!), pour couronner son œuvre pourtant célébrée partout dans le monde. Aucune fréquentation assidue des bars à la mode ou des salons d'écrivains où on s'écoute parler le samedi soir entre amis, en cassant du sucre sur le dos des autres (ah! la vie est tellement cruelle). Pas d'études exhaustives faites par des professeurs d'université ou de cégep toujours préoccupés par leur propre vision de la littérature. Combien de discussions n'avons-nous pas eues, Dany et moi, sur ce sujet de la non-reconnaissance par ses pairs d'ici! Mais Dany ignore la mesquinerie, celle qu'il pourrait pratiquer comme celle qui s'exerce contre lui. Il ne peut vivre autrement. Il faut lire, d'ailleurs, dans *La chair du maître*, cette histoire terrible («Max est de retour») où le jeune exilé revient faire un tour dans son pays natal pour y tester l'amitié des siens.

Dany est un fauve qui chasse, drague et règne sans se fatiguer. Il m'a appris la drague immobile, mais il n'y a qu'avec lui que ça marche. Et pourtant, j'ai lu toute son œuvre, y retrouvant à bien des égards des couleurs, des saveurs, des effluves et l'exubérance de l'île caïmanesque où j'étais exilé, il y a de cela quelques décennies déjà. Dany fatigué? Peut-être bien de la mesquinerie, des vacheries, des bêtises de certains écrivains. Mais sûrement pas d'écrire. Ce serait comme demander à la mer de se retirer.

JACQUES LANCTÔT

Préface de l'édition française

« On doit commencer à écrire même quand on ne sait pas quoi dire.» Ce n'est pas moi qui le dis mais Dany Laferrière à la page 65 du livre que vous avez entre les mains ! Voilà qui devrait fortement m'encourager à poursuivre cette préface ! Il faut sans doute mettre d'abord les choses au point lorsqu'on parle de préface. Comme leur nom l'indique, les préfaces prennent généralement place avant le texte mais dans la plupart des cas elles sont lues après, quand elles sont lues… Les derniers sondages dont nous disposons ne laissent pas le moindre doute sur ce point capital : 63 % des lecteurs lisent la préface après avoir lu

    – le roman,

    – l'essai,

    – le recueil de nouvelles,

    (rayez la mention inutile);

17 % la lisent après, 20 % ne se prononcent pas – pardon – ne lisent pas la préface. Nous n'évoquerons pas ici le cas de ceux qui ne lisent que la préface… Curieusement, lorsque la préface (rebaptisée illico postface) est rejetée en fin de volume, les lec-

teurs ont tendance dans les mêmes proportions à la lire en premier. Vous me suivez ? Bon. Si, par aventure, vous êtes en train de lire cette préface avant d'entamer *Je suis fatigué,* je vous dis tout dc go : « Halte-là ». Cette préface s'avance masquée et est en réalité une postface. Vous êtes donc prié d'arrêter là votre lecture et de vous ruer sur la page 13, la première page de *Je suis fatigué*.

Après avoir lu ce récit de Dany Laferrière, vous savez pourquoi il vous a été offert mais vous ne savez pas pour quelles raisons ce sont les libraires du groupement Initiales qui vous l'offrent.

Flash-back (pièce en cinq actes) :

1er acte

Été 99. Ayant quitté les plages enchanteresses de Miami où il réside, Dany Laferrière se trouve en résidence d'écriture au château de Grigny, à quelques encablures de Lyon. Il va y jouer au châtelain en compagnie de Maggie son épouse et de ses trois filles.

2e acte

Michel Bazin, l'auteur de ces lignes, tenancier de la librairie Lucioles à Vienne, à quelques volées de bois vert de Grigny, invite le ci-devant Dany à un pique-nique littéraire sur le parvis du temple romain sis devant la librairie. On déguste avec appétit le « touffé bérégène » préparé par Dany, les victuailles et les bonnes bouteilles apportées par tous et la gouleyante lecture de Dany ponctuée de rires tonitruants.

3ᵉ acte

En 98 et 99, le groupement de libraires Initiales a offert, en fin d'année, à ses lecteurs deux textes inédits, un de Martin Winckler et un de Erri de Luca. Pourquoi – se disent les serpents à plumes et les lucioles – ne demanderait-on pas à Dany Laferrière d'offrir à son tour un texte inédit ?

4ᵉ acte

Le suspens est de courte durée. Dany accepte avec d'autant plus d'enthousiasme que cette demande arrive pour lui à point nommé : il a décidé d'arrêter d'écrire et veut terminer par un « acte gratuit »… Le va-et-vient entre Miami et Vienne peut commencer : fax, courriers (électroniques ou non), téléphone. La surprise pour Initiales est, si j'ose dire, de taille, car Dany Laferrière ne se contente pas de nous offrir une nouvelle mais ce long récit que vous venez de lire, son testament littéraire comme il le dit lui-même dans un sourire.

5ᵉ acte

Le dernier acte c'est à vous, lecteur, de le jouer… Nous, libraires d'Initiales, avons le sentiment que l'œuvre de Dany Laferrière reste à découvrir : l'œuvre d'un homme libre écrite au plus près de la vie, l'œuvre d'un homme qui aime la vitesse : « Quand on a fini une phrase l'autre arrive en courant ! » Et nous courons derrière ce diable d'homme qui nous retient dans son univers de conteur, un univers d'où jaillit, comme d'une source, l'émotion.

Et même si nous aussi, libraires, sommes parfois

fatigués, fatigués de porter de lourds cartons de livres, fatigués d'en lire certains, à tel point qu'ils nous tombent des mains, fatigués de les retourner à l'envoyeur sans avoir eu le temps de leur donner leur chance, il nous suffit, dans ce torrent de livres (il en paraît cent par jour!) de tomber sur un minuscule diamant, voire sur une pépite, pour retrouver nos forces, pour étancher notre soif à cette source nouvelle… et pour faire ce que nous aimons le plus au monde, ce qui est notre raison d'exister : faire découvrir à d'autres lecteurs un véritable univers. «Je ne me conçois pas vivant dans une société sans avoir mon mot à dire», dit Dany Laferrière dans *J'écris comme je vis,* ce très bel entretien conduit par Bernard Magnier et que La Passe du vent vient de publier. On espère, en attendant les cinq livres qui restent à paraître en France, qu'il aura dans quelques années à nouveau son mot à dire… et à écrire…

Si ce petit livre vous ouvre les portes du monde de Dany Laferrière, nous n'aurons pas perdu notre temps !

MICHEL BAZIN

Je suis fatigué

« Paresse : habitude prise de se reposer avant la fatigue. » (Renard)

Le square Saint-Louis

Je suis assis, au square Saint-Louis, comme il y a vingt ans quand j'ai pris la décision de commencer mon premier roman. C'est un minuscule parc entouré de grands arbres feuillus, avec un jet d'eau au milieu, tout cela en plein cœur de Montréal. Il y a vingt ans, on ne rencontrait ici que de jeunes drogués, des prostituées de seize ans qui ont fui leur banlieue natale pour s'enfoncer tête baissée dans la jungle du centre-ville, et les jeunes hippies qui arrivaient des autres provinces du Canada (surtout les Maritimes et les Prairies) après avoir passé l'été à cueillir des pommes dans les plaines de l'Alberta. Bien sûr, il ne faut pas oublier les vieux clochards titubants qui font quotidiennement la tournée des parcs de la ville à la recherche de bouteilles de bière laissées à moitié vides dans les poubelles. Quelques amoureux se bécotant sur les bancs publics. C'était la faune d'alors. Aujourd'hui, la police a bien nettoyé tout cela, et ce sont les familles bon chic bon genre des petites rues ombragées des environs qui occupent le parc. Me voilà assis tranquillement sur ce banc, donnant ainsi dos à la rue Saint-Denis. J'ai l'air de regarder les gens, mais en réalité je ne distingue que des silhouettes floues. Seules les puissantes couleurs primaires parviennent à m'atteindre : le vert des arbres, le rouge des lèvres des jeunes filles qui passent devant moi en dansant, le jaune des robes en été.

– Qu'est-ce qui t'arrive là ? me demande ce grand maigre en se glissant près de moi… Je t'observe depuis un moment…

– Rien. Je n'ai rien.

Il me jette ce regard intense, comme s'il essayait de pénétrer au plus profond de moi-même. Mais il est lui-même trop faible pour supporter plus longtemps une telle dépense d'énergie.

– Rien quoi ?

Je continue à le regarder droit dans les yeux. Cela fait près de vingt ans que je fréquente ce parc. Je sais donc que le plus minable camé peut se révéler très dangereux s'il sent chez vous la moindre faiblesse.

– Ah, je vois, dit-il en s'en allant.

Il m'a pris pour un dealer de coke attendant calmement qu'un éventuel acheteur se présente. La drogue étant le seul commerce où c'est à l'acheteur de franchir tous les obstacles pour trouver le vendeur (selon Burroughs, « le dealer ne vend pas son produit au consommateur, il vend le consommateur à son produit »). Dans ce cas-là, la littérature, contrairement à ce que l'on dit, n'est pas une vraie drogue.

Kero

Une jeune fille arrive dans mon dos. Elle me couvre le visage de ses petites mains si fraîches.

– C'est toi, Kero ?

Elle éclate de rire avant de me faire au cou un baiser pointu.

– Comment as-tu fait pour me reconnaître ?

– Ton odeur.

– Mon odeur ! Mais cela fait si longtemps… Je me demandais même si tu allais te souvenir de moi.

– Je ne me souviens jamais des noms. J'ai plutôt une mémoire des sens. L'odeur de ton corps (elle rougit violemment), le goût du saké que tu m'as fait connaître un jour de pluie, le satin de ta peau que ma main ne pourra jamais oublier.

Elle rit (ce rire de gorge qu'elle a toujours pour exprimer un certain malaise). Elle semble à la fois gênée et flattée. Un sentiment assez épuisant.

– Je vis depuis quelques années à Vancouver, mais je te vois souvent à la télé. J'ai même vu, une fois, dans un avion, le film qu'on a tiré de ton roman.

Elle se remet à rire. Quand je l'ai connue, elle ne parlait presque pas. Elle n'avait qu'un mode d'expression : le rire. Elle possédait une vaste gamme de modulations, allant du plus aigu au plus grave. C'était à peu près son unique forme de langage. Elle riait pour exprimer la joie, la peine, le désir, le plaisir, la gêne (très souvent) ou la douleur. Il lui arrivait aussi de faire des mélanges assez corsés : la douleur et le plaisir, la gêne et le désir ou la joie et la peine. J'avais fini par pouvoir décoder son rire.

– Pourquoi tu ris là ? (J'ai perdu le code.)

– Je n'ai pu voir que dix minutes de ton film. C'était si mauvais que je me suis immédiatement endormie.

– C'est ce que je pense aussi. Un puissant somnifère. Je crois que c'est en fonction de cela qu'on choisit de projeter les films dans les avions.

Vrai éclat de rire exprimant un plaisir inattendu.

– Tu n'as pas changé finalement, fait-elle avec ce fin sourire de Mona Lisa nippone.

– Toi non plus, lançai-je un peu étourdiment.

Un léger nuage voile son visage.

– Non, j'ai changé, dit-elle doucement.

Je la regarde plus attentivement. C'est vrai qu'elle a changé. Son visage semble plus dur qu'avant. Un air vraiment décidé. Plutôt une femme d'affaires.

– Tu as raison… Autrefois, tu ne parlais presque pas.

Elle a ce rire bref et sec que je ne lui connaissais pas.

– Qu'est-ce que tu fais maintenant, Kero ?

– Je suis styliste.

– Moi aussi.

– Je fais des vêtements, précise-t-elle.

Elle se couvre vivement la bouche de sa main droite pour s'empêcher de rire. Le rire qu'elle a chaque fois qu'on lui demande de parler d'elle.

– Non, ça ne t'intéressera pas… Qu'est-ce que tu fais en ce moment ? Es-tu en train d'écrire ?

– Parle-moi plutôt de toi. Comment cela se passe quand tu fais une robe ?

Un long silence.

Ah, j'avais oublié son silence. Kero pouvait rester des heures sans parler. Peut-on imaginer cela : un Haïtien bavard qui rencontre une Japonaise terriblement timide ? Elle passait le plus clair de son temps à me regarder. Je n'ai jamais su à quoi elle pouvait bien penser dans ces moments-là. Je la revois assise près de la fenêtre de cette pauvre chambre que j'occupais avec Roland Désir, cet ami que j'ai surnommé dans mon premier roman… Ses yeux (on dirait des paupières sans cils qu'on aurait ouvertes avec une fine lame de rasoir). Ce regard noir comme un gouffre aspirant tout ce qui bouge. J'étais autant fasciné par son silence qu'elle l'était par mon bavardage. Elle pouvait sortir d'un silence disons léger pour tomber dans ce très profond trou noir dont je ne suis jamais arrivé à déterminer la nature. Le reste du temps, elle s'exprimait par le rire. Le vocabulaire de ce langage semble au préalable très simple, sommaire même, par contre sa syntaxe se révèle diablement complexe. Qu'est-ce que j'ai mis du temps à le comprendre ! Et je n'ajouterai rien à propos de son sourire. Là, le mystère est complet. Je parle ainsi, mais peut-être que pour elle je suis encore plus mystérieux qu'elle pour moi. La parole peut cacher beaucoup plus que le silence. On relève rarement le mystère des sentiments sans nuances, de l'absence d'ombres, de la lumière trop vive. Borges parle quelque part des aventures secrètes de l'ordre et de la raison. C'était peut-être à cela qu'elle pensait, assise près de la fenêtre à me regarder sans ciller. Pourtant, elle écrivait un français châtié, n'hésitant pas à affronter les temps des verbes les plus difficiles. Je restais souvent baba devant les billets truffés de subjonctifs et de conditionnels qu'elle laissait dans ma boîte à lettres.

– C'est d'abord le tissu qui doit me toucher au plus profond de moi-même. Sa matière. Je peux passer des heures à le caresser. Plus tard, je vais m'asseoir près de l'étang. Une eau profonde et noire, pas loin de ma petite ferme. L'eau m'a toujours étrangement attirée.

Elle s'arrête un moment, tout étonnée d'avoir tant dit. Je reste sans bouger, comme quelqu'un qui observe un oiseau, sachant qu'au moindre bruit il pourrait s'envoler.

– Je ferme les yeux, continue-t-elle, pour tenter de mieux visualiser la robe dont je sens la présence autour de moi. Pour moi, chaque robe a une vie propre qui dépend en partie de moi. Cela ne prend pas longtemps pour que je tombe alors dans un état second, et à un moment donné, si c'est un jour de grande chance, je peux voir passer la robe sur quelqu'un. C'est souvent sur une femme que j'ai déjà vue quelque part : à une exposition, à une première de théâtre ou à une fête quelconque… Je me dois de fréquenter ces endroits-là pour mon travail. Mais je ne vais jamais dans un défilé de mode. Je n'aime pas non plus les gens qui fréquentent ce genre de foire.

— Pourquoi tu ne prends pas n'importe quelle femme ? Quelqu'un que tu aurais remarqué dans la rue, comme ça.

Elle a ce sourire si triste.

— C'est que mes robes coûtent très cher.

— Qu'est-ce que tu fais après que tu aies vu la robe sur cette femme ?

— Après, je rentre à la ferme. Je laisse passer quelques jours avant d'aller à l'atelier, le temps de m'assurer que c'est une véritable obsession. Pendant que tout cela germe en moi, je m'occupe de mon jardin de légumes et de mes canards. Puis, un matin, je sens que c'est le moment.

Elle touche légèrement son ventre.

— Alors je pense que c'est le temps d'appeler cette personne que j'ai vue passer avec la robe pour lui dire que j'aimerais lui faire une robe.

— Comment cela se passe ? Elle accepte ?

Un rire en cascade, suivi d'un long moment de silence que j'évite de rompre. Décidément, cette fille finit toujours par m'imposer son tempo.

– Tu sais, Kero, je crois de plus en plus que nous faisons le même métier.

– Comment cela ! Je ne comprends pas…

– Bon, c'est la même chose, seulement, moi, mon tissu c'est la langue. Le livre étant le vêtement. Et je te signale que j'utilise aussi une paire de ciseaux afin de donner une certaine forme à mon bouquin. Quand je sens monter en moi une histoire, je vais toujours me balader, sans trop chercher à savoir où mes pas me conduisent. Et après, exactement comme toi, je laisse passer un long moment afin de m'assurer que ce n'est pas une toquade, mais une véritable obsession. J'attends que cela fasse partie de mon être, que cela me devienne aussi nécessaire que l'oxygène. Ce n'est qu'à ce moment que je commence le livre. Tu vois que nous ne sommes pas si différents.

Elle me regarde avec une extrême gravité, et cela me rappelle les jours tranquilles de cette époque où je n'étais qu'un jeune tigre affamé qui tournait en rond dans cette cage ethnique où le ministère de l'Immigration m'avait inconsidérément placé. Je retrouve ce même visage terriblement tendu. Ses yeux brûlants de fièvre. J'imagine ce sang bouillonnant lui courant dans les veines. Pendant que son visage reste aussi placide qu'une flamme dans un espace sans vent. Cette minuscule fille est une vraie passionnée.

– C'est étrange ce que tu dis là, finit-elle par murmurer.

Il y a cet aspect important de son caractère que j'avais complètement oublié : le sexe. C'était d'ailleurs le seul langage, à l'époque, qui nous unissait vraiment. Là, elle était très active, très directe (elle savait exactement ce qu'elle voulait) et elle pouvait passer des journées entières à faire l'amour. Elle m'avait appris que si en Occident, au moment de jouir, on dit : «Je viens, je viens», au Japon, ils disent plutôt : «Je m'en vais, je m'en vais» ou quelque chose d'équivalent. J'avais quand même remarqué qu'on bégayait dans les deux cas.

– La seule différence qu'il y a entre nous c'est que toi, Kero, tu as vu ta cliente avant même de faire la robe. Alors que moi, je ne rencontre mon lecteur qu'après. De plus, je n'ai pas qu'un seul lecteur. Et c'est, d'après moi, là que se trouve le nœud du problème. Depuis la découverte de l'imprimerie, le métier d'écrivain est devenu d'un commun. Avant, on écrivait un livre qu'on allait présenter ensuite au roi, ou à un prince, ou tout simplement à un riche mécène, en tout cas à toute personne capable de pouvoir faire vivre l'artiste. Comme pour ta robe. Et quand quelqu'un met un tel prix sur un livre, tu peux être sûr qu'il en prendra soin. Aujourd'hui, on le vend au détail sur les étals des librairies. Autrefois, il fallait toute une vie pour prendre totalement connaissance d'un manuscrit. Et son propriétaire ne le confiait qu'à des érudits qui le manipulaient avec beaucoup d'attention.

– Je ne comprends pas ce que tu dis, fait Kero en secouant la tête furieusement comme une gamine qui refuse de manger ses légumes, parce que, moi, j'adore lire et j'ai toujours l'impression, en lisant un livre que j'aime, qu'il a été écrit pour moi.

– D'accord, Kero, mais imagine un peu que ce livre n'existe nulle part ailleurs que sur ta table de chevet, imagine que l'auteur l'a écrit uniquement pour toi.

– Tu es fou ! Jamais, je ne pourrai me payer un tel luxe !

Un type qui me souriait depuis un certain moment s'approche délicatement de moi pour un autographe. Je ne pourrai jamais m'habituer à une pratique qui semble remonter à une époque où l'écrivain était un être sacré. Faut dire que maintenant, il suffit de passer plus de trois fois à la télé pour qu'on vous demande de griffonner votre nom sur un bout de papier généralement graisseux (bien sûr, il y a les professionnels qui apportent leur livre d'or). Je le fais sans aucune réticence tout en m'interrogeant sur la nature d'un tel jeu. La plupart du temps, je trouve mon nom tellement dérisoire que je signe Fellini. Cette fois-ci, j'ai signé Woody Allen. Le type m'a remercié avant de s'en aller.

– Pourquoi t'as fait cela ? C'est pas gentil !

– Qu'est-ce que j'ai fait ?

– Tu ne t'appelles pas Woody Allen !

– Je me sentais Woody Allen à ce moment-là. Je suis ce type qui raconte des blagues déprimantes

sur lui-même uniquement pour dérider les déses-
pérés.

– Et il t'arrive d'être d'autres personnes comme
ça ?

– S'il te plaît, ne prends pas ce ton de psy avec
moi, je suis un artiste comme toi (elle rougit violemment)… Oui, certains soirs, je suis Fellini. Federico
Fellini. Et je donnerais toute ma vie pour avoir fait
un film comme *Amarcord*.

– Bon, dit-elle après un silence convenable, je
vois que je ne suis pas seule.

– Bien sûr que tu n'es pas seule, chère Kero, et
on est beaucoup plus nombreux que tu le penses.
C'est une secte sans gourou puisqu'on travaille dans
la vanité. Tu te croyais sans vanité, toi ?

– Oh, moi, je ne suis que vanité, lance-t-elle
d'une voix haute et claire (un ton si rare chez elle)
comme quelqu'un qui fait une confession publique.

Un écureuil saute d'un arbre sur le banc pour se
lancer tout de suite par terre à la poursuite d'un
autre écureuil. Leur ballet est si vif et joyeux qu'il a
rendu immédiatement banale notre discussion sur la
vanité. Le mouvement même de la vie.

– J'avais lu une fois, Kero, cette histoire qui
m'avait bien charmé, mais je te préviens que la fin
est triste.

– Oh, j'espère que je vais pleurer, dit-elle en
riant.

– Un type avec une tête de poète rencontre un
écrivain avec un crâne rasé. L'écrivain lui dit tout de

go : «Toi, tu devrais écrire.» L'autre répond à peu près que ça ne l'intéresse pas trop. L'écrivain insiste : «Écris pour moi alors.» L'autre finit par consentir. Il se met à écrire des bouts de poèmes, des monologues, des collages, tout un fatras qu'il envoie de temps en temps à l'écrivain.

— C'est une histoire magnifique ! lance joyeusement Kero. Pourquoi as-tu dit que la fin était triste ?

— Attends un peu… Un jour, quelqu'un découvre les poèmes, en fait un paquet qu'il amène à un éditeur. Le livre sort. Plus de deux millions de lecteurs. Tu ne trouves pas ça triste ? Avant, il n'avait qu'un lecteur, le plus sensible, avec qui il avait cette relation particulière, et maintenant c'est la foule anonyme.

— Tu les connais, ces deux-là ?

— Oui, mais étant de culture plutôt anglo-saxonne, je doute que tu les connaisses… Le lecteur s'appelait Henri Michaux, et c'était l'un des esprits les plus indépendants du vingtième siècle. Et le poète Jacques Prévert.

Son visage s'illumine.

— Bien sûr que je connais Prévert. J'ai appris le français en lisant ses poèmes, comme beaucoup de jeunes au Japon d'ailleurs. Là-bas, c'est soit Sagan soit Prévert. Moi, j'avais choisi Prévert. Si on n'avait pas publié ses poèmes, je n'aurais jamais pu poursuivre mon cours de français qui était si ennuyeux. Prévert m'a fait rire. Je ne suis pas du tout d'accord avec ton idée, sinon il n'y aurait que les riches à avoir accès à la littérature.

– Qu'est-ce que tu as contre les riches ?

Elle me regarde fixement pendant une bonne trentaine de secondes.

– Qu'est-ce qui t'arrive ?

– Quoi ! Rien. De quoi tu parles ?

– Je ne te comprends pas. Tu dis des choses étranges. Es-tu en train de me dire quelque chose que je n'arrive pas à piger ?

C'est à mon tour de faire silence. Ce qui fait monter d'un cran son inquiétude.

– Qu'est-ce qui se passe ?

Je regarde un long moment devant moi, sans rien voir de particulier.

– Je suis fatigué.

– Repose-toi alors.

– Non, ce n'est pas une fatigue qui se contenterait d'un repos.

Elle allait ajouter quelque chose quand, subitement, elle choisit de se taire. Au fond, elle n'a pas changé tant que cela. Elle a toujours gardé en elle cette force de caractère qui m'avait tant impressionné dès notre première rencontre à cette petite soirée chez Hélène de Billy. Kero est capable de s'arrêter en plein milieu d'une discussion, d'une action ou même d'une passion. Voilà une chose que je ne pourrai jamais faire. (C'est peut-être son passage dans ma vie qui m'a permis d'envisager un acte aussi audacieux que celui que je tente aujourd'hui : tout arrêter en plein vol. C'est un acte zen.) J'aime plutôt que les choses se terminent en douceur. Les gens aussi déterminés que Kero me font toujours un peu peur. Je me souviens de cette fin d'après-midi que nous avons passée ensemble dans la petite chambre de la rue Saint-Denis, à deux pas d'ici, là même où j'ai écrit mon premier roman. Nous sommes restés longtemps, ce soir-là, à boire, à parler (disons que je parlais et qu'elle riait), quand tout à coup, sans aucune raison apparente, elle s'est arrêtée de boire et de rire pour plonger dans un si profond silence qu'il me semblait sans fin. Je revois encore son visage à la fois grave et tendre sur fond de crépuscule sanglant. Malgré tous mes efforts, elle refusait de desserrer les dents (je me demandais même quelle connerie j'avais dite qui l'aurait choquée à ce point), et ce n'est qu'après deux heures et demie qu'elle consentit à murmurer : «Je me sens si émue par la douceur du soir.» Et là, maintenant, elle me refait le même coup. Cette fois, j'ai décidé de l'attendre. Je ne ferai aucun geste pour l'obliger à parler avant qu'elle se décide à le faire. Deux monstres de silence assis l'un en face de l'autre. Combien de temps pourrai-je tenir dans ce nouveau rôle ? C'est effrayant tout ce qu'on peut entendre quand on se tait. Tous les bruits du parc me pénètrent. Je me sens comme une éponge. Comment retenir le flot de paroles qui veut sortir de ma poitrine ? les mots qui se bousculent dans ma tête ? Quel embouteillage ! Je commence à respirer difficilement. Finalement, elle se lève pour partir. Va-t-elle s'en aller sans dire un mot ? Je ne crois pas que

je pourrais le supporter. Je sens que je vais craquer.
Non, je ne dirai rien. Je ne parlerai pas, cette fois.
Elle se baisse pour m'embrasser (encore ce baiser
pointu) et au moment de se relever elle me glisse à
l'oreille :

– Tu sais que je suis très jalouse de ta fatigue.

La rue Saint-Denis

Le bruit sourd des voitures roulant sur la rue Saint-
Denis. Ma rue fétiche. J'ai arpenté pendant si longtemps cette rue bordée de restaurants indiens, grecs
ou libanais, de petites librairies de livres usagés,
d'épiceries de produits exotiques, de magasins de
batik. Surtout la section qui se trouve au sud de la
rue Sherbrooke : arrivé là on n'a plus qu'à se laisser
glisser jusqu'à la rue Ontario (la petite pente peut se
révéler dangereuse en hiver si les cols bleus de la
ville oublient ou tardent à jeter du sel sur le trottoir
couvert d'une mince couche de glace). C'est ici que
commence mon territoire. C'est incroyable comme
cela se passe. On débarque dans une ville. Au début,
on n'y comprend rien. Aucun repère. Surtout dans
mon cas, où le nouveau s'opposait si violemment à
l'ancien : je venais d'un pays de Nègres où il fait
chaud presque tout le temps pour tomber dans un
pays de Blancs où il fait froid presque tout le temps.
Tout avait changé autour de moi. D'abord la notion
du temps est si différente chez moi. Au Québec, les

gens courent après le temps, tentant désespérément de le rattraper, alors qu'en Haïti on tente quotidiennement de le tuer. Et cette vision du temps ne découle pas d'un plus grand respect des autres au Québec, ni de cette mythique efficacité nord-américaine, ce n'est tout au plus qu'une des conséquences de la rigueur de l'hiver. Il n'est tout simplement pas recommandé de faire attendre quiconque dehors quand la température frôle les moins vingt degrés (bien sûr, on pourrait passer le temps dans un bar bien chauffé). Dans un pays chaud, la rue est un théâtre si vivant que la personne qui vous attend ne risque pas trop de s'ennuyer. C'est tellement vrai que j'ai remarqué qu'en été sur la rue Saint-Denis, assis à la terrasse d'un café avec une salade César et un verre de vin rouge, on devient définitivement plus indulgent pour les retardataires. Cela faisait un peu plus d'un mois que j'étais à Montréal quand je suis tombé par hasard sur la rue Saint-Denis. Et mon regard sur cette ville a tout de suite changé. À partir de ce moment, je me suis identifié à Montréal. C'était devenu ma ville. Voilà un endroit où, enfin, je rencontrais sans cesse des gens à qui je n'avais pas à expliquer ma vision du monde. J'imagine que c'est le même sentiment que doit éprouver un jeune homosexuel qui, après avoir quitté sa banlieue conservatrice, débarque un matin dans le village gay. De l'air ! On se dit qu'on est enfin chez soi. Et là (dans cette section au sud de la rue Ontario), on trouve les petits cafés où l'on peut rester des heures à siroter un simple thé, sans trop se faire emmerder par des serveurs ailleurs si agressifs. Je me tenais souvent au café *La Galoche*, un petit bar assez moche, pas loin de la rue de Maisonneuve. Une douzaine de tables jetées pêle-mêle dans une minuscule pièce assez sale, mal aérée et mal chauffée où il fallait garder nos manteaux sur nous si on ne voulait pas attraper la crève. Les toilettes étaient placées si près des clients qu'on entendait le bruit que faisaient les gens en pissant. Pour descendre à *La Galoche*, je passais devant la librairie Québec-Amérique, où une des filles de la libraire, Dominique, m'offrait souvent un bouquin (en poche tout de même) qu'elle me laissait choisir. À l'époque, mes dieux étaient Borges, Bukowski, Gombrowicz, Baldwin, Tanizaki et Montaigne (cela n'a pas changé à part quelques noms qui se sont ajoutés – Limonov, Diderot, Horace, Selby). Je m'installais dans un des coins du café, le plus loin possible de la porte (à cause du courant d'air glacial qui s'engouffrait dans la salle chaque fois qu'un nouveau client arrivait) pour causer longuement avec mon ami Borges. Je ne quittais le café que pour rentrer dans ma petite chambre me préparer un rapide souper.

La télé

Un jeune homme blond prématurément vieilli s'approche de moi.

– Je croyais que tu étais rentré chez toi, me lance-t-il.

– Chez moi où ?

Il se donne un coup de poing au front.

– Je ne sais même pas d'où tu viens.

– Et tu voudrais que j'y retourne.

– Je m'en fous, dit-il en crachant par terre.

Je me souviens très bien de ce type quand il venait d'arriver au parc, il y a quinze ans. C'était un jeune fermier bien musclé de l'Alberta. Il en avait marre de traire les vaches et de ramasser des pommes. Il a pris un sac de couchage, quelques fruits séchés pour faire la route. Il a passé tout l'été 85, couché sur le gazon, à lire *Le Prophète* de Khalil Gibran. Grand, beau, blond : les filles étaient dingues de lui (je me souviens en particulier d'une jeune étudiante en médecine à McGill qui a passé l'année au parc à le regarder). Lui, il ne s'intéressait qu'aux écureuils qu'il nourrissait quotidiennement. Puis la bière est arrivée. Il a fallu quinze ans pour faire de ce jeune dieu nordique une épave. Là, il est encore au square Saint-Louis, mais dans très peu de temps, il va commencer la grande descente. La glissade vers le sud, jusqu'à ce petit parc sale, à côté du métro Beaudry. La dernière station avant l'errance absolue. La question c'est : Pourquoi le jeune Nègre a pu s'en sortir quand le jeune Blanc y a laissé sa peau ? L'instinct de survie. Il n'y avait rien de romantique dans le fait que je vivais dans le coin. Si les Nègres ont pris l'habitude de se rassembler dans les quartiers d'artistes, ce n'est surtout pas parce qu'ils ont l'âme lyrique, mais simplement parce que dans ces coins-là on leur fiche un peu plus la paix qu'ailleurs. À force de se frotter aux vrais artistes, c'est-à-dire à ceux qui ont foutu le camp de cette vie familiale qu'ils considéraient trop étroite pour l'immense appétit de vivre qui les habitait ou encore à ceux qui ont quitté, en pleine nuit, leur petite ville de province trop bornée pour se lancer dans la vie de bohème du Quartier latin, eh bien c'est à force de se frotter à ces étranges oiseaux que le jeune immigrant a fini par écrire un livre. Des fois, il a l'impression que c'est une façon de justifier sa présence dans la zone. Au fait, je crois fermement que je n'aurais jamais écrit si j'avais pu m'établir dans un quartier plus décent. La différence avec ces jeunes gens, c'est que j'ai écrit pour sortir de ce trou minable et tenter de me rendre jusqu'à ces bungalows qu'ils venaient de quitter. C'est cela qui m'a permis en quelque sorte de traverser ces terribles années 80. L'art est un but pour eux. Il leur permet de se sentir différents de leurs parents. Il facilite leur révolte. En un sens, c'est un jugement qu'ils portent sur la génération précédente. À Montréal, je n'avais personne. Aucun témoin. J'étais seul, et c'est ce qui m'a sauvé.

Je le vois revenir en titubant légèrement vers moi.

– Je n'ai pas voulu te vexer tout à l'heure. C'est que je te voyais tout le temps dans le parc, et puis un jour, pfuittt, disparu… Où étais-tu passé ?

– À la télé.

Il sourit largement. Un trou dans la bouche (les incisives manquent).

– Et qu'est-ce que tu faisais à la télé ?

– Je parlais.

Les yeux lui sortaient de la tête.

– Pourquoi on t'invitait ?

– J'avais écrit un bouquin.

Il me jette un rapide coup d'œil méfiant.

– Tu te fous de ma gueule ! C'est quoi ton bouquin ?

– Un truc qui racontait ma vie ici, dans le parc.

– Je suis là-dedans.

– C'est plutôt les filles.

– Merde… Et comment as-tu eu l'idée d'écrire un livre ?

– Je ne sais pas faire grand-chose d'autre.

– Et comme ça tu as passé quinze ans à la télé…

– Oui, quinze ans à dire des conneries.

Il s'est mis à rire et à tousser.

– Moi qui pensais que tu étais retourné dans ton pays… Tu me fais pas marcher, hein !

Il semble réfléchir intensément. Son visage s'illumine.

– Pourquoi n'es-tu pas à la télé en ce moment ?

– Je n'en ai plus envie.

Soudain, il s'approche très près de moi. Je sens son haleine dans mon visage. Il me regarde droit dans les yeux comme s'il s'apprêtait à me faire une terrible confession.

– Tu sais que je ne suis jamais passé à la télé…

Et il s'en va en crachant de nouveau par terre.

Le souper

Je suis dans ma petite chambre. Roland n'étant pas là, me voilà donc seul. C'est un moment que j'affectionne beaucoup. Je bouge tranquillement dans la pièce, rassemblant sur la table tout ce dont j'ai besoin pour préparer le souper. J'achetais toujours, une fois par mois chez Pellat's, au coin de la rue, du poulet à bon marché, du riz en gros (on n'a jamais assez de riz), un sac de carottes, de l'huile et une douzaine d'oignons. Et aussi des épices de base : poivre, ail, sel. Et aussi du persil frais, par simple coquetterie. Je prépare le riz le plus simplement du monde pendant que ma poitrine de poulet, nageant dans un bain de jus de citron avec tout autour des rondelles d'oignon et de poivrons rouges, se fait dorer au four. J'aime faire cuire mon poulet au four (heureusement que je ne payais ni l'électricité ni le chauffage). Cela me donne du temps pour lire. Je sortais un vieux fond de bouteille de vin rouge et je me servais une bonne rasade sans cesser de lire. Je ne lis pas un écrivain, je converse avec lui. Les bagarres mémorables que j'ai eues avec Baldwin à propos de la question raciale aux États-Unis ! Baldwin, bien qu'il soit, à mon avis, l'esprit en activité le plus aigu au cœur de cette fournaise américaine des années 60 (les années où le sol a commencé à trembler sous les pieds du wasp), m'a semblé s'être trompé sur un certain nombre de sujets importants. À propos de Faulkner, qu'il a accusé d'être un vieux con nostalgique du temps de l'esclavage. Faulkner avait déclaré qu'on risquait de trop brusquer les petits Blancs du sud si on accordait trop vite tant de droits aux Nègres. Bien que je partage l'avis de Baldwin, je continue à penser qu'il avait poussé le bouchon un peu trop loin dans cette histoire. La vérité c'est que Faulkner, en devenant le plus grand écrivain vivant, ne lui accordait que l'espace restreint de l'Amérique noire. Lui, Baldwin, ne pouvait être que le plus grand écrivain noir d'Amérique, et il en était affreusement blessé. En un mot, je sentais une sorte de rancœur derrière les arguments de Baldwin, et plus celui-ci devenait cinglant, moins il avait de chance de me convaincre. Par contre, la discussion était bien lancée sur les rapports compliqués entre la littérature et la politique. Est-il possible qu'un aussi grand créateur de formes nouvelles (un révolutionnaire en quelque sorte) soit en même temps, sur un autre plan, un si pesant conservateur ? Ne devrait-on pas l'écouter plus attentivement, ou devrait-on se dire qu'une bêtise est une bêtise, de quelque bouche qu'elle sorte ? Le débat sur Faulkner avait duré parce qu'il s'agissait de deux sujets qui me passionnaient à l'époque : la littérature et le racisme. Avec Marquez aussi, à qui je reprochais de noyer le poisson dans cette bouillabaisse de mythes qu'est, tout compte fait, *Cent Ans de solitude*. Je l'engueulais sur le fait que son péplum (un grand roman, assurément un des plus grands du siècle, je n'en disconviens pas) ne nous apprend pas grand-chose des tourments d'un jeune Colombien aux prises avec les affres du désir ou ce monstre terrifiant qu'est l'ennui. Je dévorais *Cent Ans de solitude* comme une bonne mangue bien mûre et bien juteuse tout en me méfiant de ce qui me faisait tant plaisir dans ce livre. Je n'aime pas me sentir pris ainsi, sans possibilité de m'échapper, dans les filets de la séduction (le verbe s'est fait chair). Et le roman de Marquez me semblait irrésistible. Alors j'ai résisté. Je suis différent de Wilde qui avoue pouvoir résister à tout, sauf à la tentation. Je me demande ce que devaient penser mes voisins en entendant mes hurlements (car ce furent de terribles discussions), surtout qu'ils savaient que j'étais le plus souvent seul. Je ne sais lequel (Marquez, Baldwin ou Gombrowicz) m'a lancé, à bout d'arguments, que j'étais lâche de ne pas écrire, et qu'il fallait me mettre moi aussi dans la situation de me faire dépecer par n'importe quel gringalet qui s'ennuie d'être seul dans une chambre minable. Hé ! Jimmy, Gabo, Witoldo, faites pas chier, les gars, je ne suis pas toujours seul. C'est vrai que, des fois, on avait de la visite. Les filles ? Bon, j'ai déjà tout raconté à ce sujet, en épiçant comme il convient, dans mon premier roman. J'ouvre la télé pour mettre un peu d'ambiance dans la pièce car je n'aime pas manger dans le silence. Je prépare la table. Et me voilà prêt à souper seul. J'ai parfois le sentiment de mener une vie de chien, d'être assis là, comme ça, à manger ainsi sans personne en face de moi. Mais souvent cette même situation me donne l'illusion d'être aussi puissant que n'importe quel prince. Alors je me tiens plus droit sur la chaise, laissant flotter sur mon visage un air d'indifférence absolue. Le monde peut s'écrouler, je suis en tête-à-tête avec moi-même. La lune dans la fenêtre. Les bruits étouffés des voitures venant de la rue. Les voix claires des enfants qui continuent à jouer au ballon même dans l'obscurité. Souvent, j'éteins la télé, et je mange dans la pénombre.

Un rêve

La plupart des gens que je connais (surtout ceux que je rencontre dans les cafés) rêvent d'écrire. Mon rêve c'est de ne plus écrire. Je ne pensais pas que ce serait aussi difficile. Il suffit de le dire pour que tout le monde vous tombe dessus. Ceux qui pensent que ce n'est qu'une manière détournée d'attirer l'attention sur soi, ceux qui croient que cette sage décision aurait dû être prise depuis très longtemps (disons un peu avant la publication de mon premier roman), ceux qui sont vraiment désolés ou qui espèrent me faire changer d'avis. Enfin, beaucoup de gens semblent être très concernés par une nouvelle de si petite importance (Calmons-nous, les gars, ce n'est quand même pas Marquez ou Naipaul qui annonce qu'il n'écrit plus. Ce n'est que Laferrière.) Bien sûr que je suis assez absorbé par moi-même (vous l'auriez deviné), mais vous, j'attends de vous une certaine sérénité sur ce sujet. Cela me rappelle cette plaisanterie que j'avais faite un soir au grand bingo

qui se tient dans cette immense salle pouvant contenir à peu près deux cents personnes, sur la rue
Sainte-Catherine, près de Sanguinet. J'avais acheté
une douzaine de cartes pour la partie (ce qui m'avait
coûté douze dollars) et, à peine était-elle commen-
cée, j'ai annoncé à haute voix que je devais courir
aux toilettes. Il y eut un cri rauque dans l'assistance.
Le meneur de jeu, imperturbable, a continué à crier
les numéros. N'y tenant plus, les gens se sont tout de
suite rassemblés autour de mes cartes pour jouer à
ma place. Il leur était impossible d'assister à un tel
gaspillage. Mais je crois que c'était plus profond :
pour eux, cela leur semblait un tel sacrilège que de
se moquer ainsi du dieu de la chance et du hasard
(le dieu vénéré des pauvres). Les gens ne vous par-
donnent pas de ne pas partager leur foi. Cela les
rend fous de rage, ils seraient capables de vous lapi-
der. Voilà ma feuille de route : de zéro à quatre ans,
j'étais très occupé avec ma mère, à Port-au-Prince.
De quatre à onze ans, j'ai vécu avec ma grand-mère,
à Petit-Goâve, où j'ai appris à observer les fourmis
et à écouter la musique de la pluie tout en regardant
le vol soyeux des papillons. Quelle vie luxueuse ! De
onze à vingt-trois ans, je suis revenu à Port-au-
Prince où j'ai connu les filles, la dictature et où j'étais
aussi journaliste au *Petit Samedi Soir* et à radio Haïti-
Inter. À vingt-trois ans, j'ai quitté Haïti dans des
conditions épouvantables (après qu'un ami journaliste ait été tué par les tontons macoutes de Duvalier) pour m'exiler à Montréal. De vingt-trois ans à

trente-deux ans, j'ai travaillé comme ouvrier dans différents types de manufactures. À trente-deux ans, j'ai publié mon premier roman. À trente-sept ans, j'ai décidé de quitter Montréal pour aller m'établir à Miami malgré un travail de chroniqueur bien rémunéré à la télé (où j'étais payé pour dire n'importe quoi à propos des livres, des films, des pièces de théâtre et même de la musique), pour aller m'établir avec ma famille. Et à quarante-sept ans, après cet interminable bouquin en dix volumes (*Une autobiographie américaine*) racontant mon itinéraire depuis Petit-Goâve où j'ai passé mon enfance, à Montréal où je suis devenu écrivain, en passant par Port-au-Prince où j'ai fait du journalisme à risque. Voilà, je décide, aujourd'hui, que je suis fatigué de tout cela. Fatigué de gratter du papier. Fatigué de barboter dans l'encre. Fatigué aussi de regarder la vie à travers la feuille de papier. Fatigué surtout de me faire traiter de tous les noms : écrivain caraïbéen, écrivain ethnique, écrivain de l'exil. Jamais écrivain tout court.

Mon éditeur

Il s'assoit près de moi, tout essoufflé. Le front en sueur et la chemise jaune froissée.

— Je savais que je te trouverais ici.

— Alors, il n'y avait pas à s'affoler.

— Pourquoi tu ne réponds pas à mon courrier ?…

C'est pas toi, ça !

– Faut croire que j'ai changé.

– Si brusquement… Qu'est-ce qui est arrivé ?

– Justement rien.

– Tu sais que je ne suis pas le genre d'éditeur à vouloir un livre par an.

– J'en ai publié un par an.

– C'était bien… Maintenant, tu veux souffler. Je peux comprendre ça.

– Alors qu'est-ce que tu voulais me dire dans ta lettre ?

– Que tu m'expliques un peu… Tu n'es pas malade ?

– Je ne me suis jamais senti aussi bien.

Un couple s'embrasse sur le gazon. Un chien, tout excité, tourne autour d'eux.

– Un écrivain a toujours quelque chose dans la poche, gémit-il.

Je me lève pour lui montrer mes poches vides, ce qui le fait sourire.

– Tu es sûr que tu n'as pas quelques poèmes cachés quelque part ?

– Tu veux des poèmes maintenant ?

Il me jette ce regard de naufragé. Je ne savais pas que le fait presque intime d'arrêter d'écrire pouvait plonger quelqu'un d'autre que moi dans un tel désespoir.

– Une pièce de théâtre ?

Il semble vraiment désespéré.

– Non… Il ne reste que moi-même. Le problème

c'est qu'on ne pourrait pas me multiplier. Il n'y a qu'un exemplaire disponible.

On reste un moment sans rien dire.

– Qu'est-ce que tu vas faire maintenant ?

– C'est la question que tout le monde me pose. C'est bizarre, avant on ne me posait aucune question.

– C'est normal, on ne te connaissait pas.

– Comme ça, on me connaît maintenant ?

– Sûrement mieux qu'avant.

– On ne sait de moi que ce que j'ai bien voulu qu'on sache.

Il me fait ce sourire si chaleureux.

– Oh, je ne te crois pas. Tu joues au cynique. Tu sais bien qu'on se livre toujours un peu dans ce qu'on écrit… Je voulais simplement te faire savoir que j'attends ton manuscrit. Tu peux prendre le temps que tu voudras. Je serai là…

– C'est fini, mais je te remercie quand même.

Il se lève pour partir, me serre la main.

– Tu es vraiment sûr qu'il ne reste plus rien ?…

Je secoue négativement la tête.

– Rien, rien, rien ?…

– Non, rien d'intéressant…

Il se rassoit tout de suite.

– Qu'est-ce que tu veux dire par là ? Tu as un manuscrit ?

– Je voulais te faire marcher.

Le couple se lève pour partir. La jupe de la fille est un peu froissée par-derrière. Ils s'arrêtent près de la fleuriste, à l'entrée ouest du parc. Le chien reste un moment à se rouler dans l'herbe, avant de filer comme une flèche derrière eux.

– J'aimerais que tu me promettes au moins une chose : ne donne aucun texte à personne d'autre.

– Mais puisque je n'ai rien…

– Tu me le jures… Entre nous, pourquoi tu t'arrêtes quand ça semble marcher si bien maintenant ?

– Je suis fatigué d'être un écrivain. Ce n'est pas une vie normale, mon vieux.

– Mais aucune vie n'est normale !

– Celle-là encore moins que les autres.

– Je ne veux pas trop t'embêter, dit-il en s'en allant finalement… Prends ton temps. Ce sera quand tu veux.

Je le regarde un moment traverser le parc, les cheveux sur la nuque. Le dos légèrement voûté. Déjà. Quand on a commencé ensemble, il y a à peine quinze ans, c'était un fringant jeune homme mince au verbe incendiaire. Il est resté toujours aussi passionné, mais cela n'a pas empêché le temps de filer, semble-t-il. Il s'arrête un moment, semble réfléchir, pour revenir vers moi d'un pas décidé.

– Je croyais qu'on s'était tout dit.

– J'ai une idée, lance-t-il avec une sorte de conviction qui m'effraie.

Il s'assoit.

– Si tu faisais un livre…

– Mais…

– Un dernier.

– J'ai déjà fait le dernier.

– Non, un livre pour dire que tu ne fais plus de livres.

– C'est cela ton idée !

– Sinon les gens vont t'embêter sans arrêt avec cela. Il faut qu'ils sachent que tu ne veux plus écrire (il s'arrête de parler un moment). Tu m'excuses, mais je n'arrive pas à accepter l'idée que tu n'écriras plus, Ça me fend le cœur, j'ai de la difficulté à m'y faire. Si tu veux savoir, je trouve ça même criminel…

Il me regarde comme si je lui avais annoncé que j'avais le cancer. J'ai l'impression d'assister à mes propres funérailles. Je suis tout content de le voir si malheureux.

– Bon, bon, je comprends et même j'accepte, mais il faut un dernier livre… Les musiciens font ça, ils jouent toujours une dernière pièce.

– Pour dire quoi ?

– Je ne sais pas moi, tu pourrais parler de toi.

– C'est déjà fait abondamment. C'est précisément de moi que je veux prendre congé.

Son visage devient tout de suite cramoisi.

– Tu ne penses pas à te suicider ?

– Oh non, ne t'inquiète pas, les Haïtiens ne se suicident pas, en tout cas jamais à cause de la littérature…

– Tu peux parler de tes origines…

– Je vais finir par croire que tu n'as pas lu mes livres… Je n'ai fait que ça ces dix dernières années… Tu vois bien qu'il n'y a plus rien à dire.

– Quand je n'ai plus rien à lire, lance-t-il sur un

ton passionné, alors je relis.

– Quand il n'y a plus rien à dire, tu me conseilles de redire ?

– C'est ce que font tous les grands écrivains. Même ton ami Borges…

Il sent que je commence à vaciller.

– Tu pourrais parler des écrivains que tu aimes, tiens, de Borges, de ton parcours, de ta vision du style, des femmes de ta vie, je ne sais pas moi, de tous ces sujets qui t'ont tant occupé ces dernières années. Je me souviens que tu m'en parlais tout le temps. Si ça m'intéresse, ça peut intéresser les autres aussi.

– Je n'ai plus la force de…

– Oh, personne ne parle d'un livre de cinq cents pages.

– Plutôt cinquante.

Il fait la moue.

– C'est difficile de faire passer cinquante pages. Les distributeurs n'aiment pas ça.

– Je n'ai pas dit que j'écrirais de livre non plus, je lui réponds un peu vexé.

– On s'est bien amusés à faire ces bouquins, n'est-ce pas ?

– C'est vrai.

– Alors, un dernier. Juste pour le plaisir.

Un long moment de silence.

– D'accord…

– Magnifique !

– Mais je ne veux pas qu'on le vende, celui-là. Ce

sera uniquement pour dire que je n'écrirai plus.

Il ne prend pas la peine de réfléchir. C'est ce qui m'a toujours impressionné chez lui : cette absence totale de calcul financier. En tout cas, en quinze ans, on n'a jamais eu une seule discussion à ce sujet.

– D'accord, on ne le vendra pas.

Marché conclu. Il retourne à sa voiture, garée devant le café *Cherrier*. Tiens, tiens, il n'est plus voûté.

Comment je suis devenu écrivain

Je venais d'arriver à Montréal. Je ne connaissais personne. Un soir de cafard, je suis entré dans ce club de jazz. Nina Simone remplaçait Big Mama Thornton sur la minuscule scène du *Rising Sun*. Doudou Boicel, le propriétaire de la boîte, m'a tout de suite pris sous son aile.

– Je vais te donner un conseil, me dit Doudou après une bonne rasade de rhum, cherche-toi une fille pendant qu'il est encore temps.

Je le regarde éberlué.

– L'été, ici, c'est la saison de chasse. Toute relation avec une fille doit débuter en été, se consolider durant l'automne pour enfin trouver un nid chaud durant les premiers jours de grand froid.

– Et si on ne trouve personne ?

– Alors, mon petit, lâche Doudou avec un grand éclat de rire, tu te gèleras les couilles jusqu'au printemps prochain.

– C'est dur ici !

– T'as une spécialité ? me demande brusquement Doudou.

– Qu'est-ce que tu veux dire ?

– Un truc pour aborder les filles… Es-tu musicien ?

– Non.

– Tu ne m'aides pas, mon petit, jette Doudou d'un air profondément désolé… On sera obligés d'utiliser le vaudou.

– Je ne sais rien de tout cela.

– Et qu'est-ce que tu sais faire, mon pauvre ami ?

– Je suis lecteur, Doudou, je n'ai fait que ça de ma vie… Je connais par cœur Kafka, Proust, Borges, Dos Passos, Joyce, Bukowski, Montaigne, Roumain, Horace, Baldwin, Dumas, Diderot, Miller, Gombrowicz, Tolstoï, Hemingway, Tanizaki, Depestre…

Doudou me regarde un moment, essayant de voir à quoi peut servir un tel talent. La voix éraillée de Nina Simone fait monter d'un cran ma déprime.

– Non, désolé, ça ne marche pas. Les filles qui aiment lire n'aiment pas forcément les lecteurs. Tu lis, elle lit ; non, l'hiver serait trop long. Tu écris, elle lit, ça sonne mieux. Pourquoi tu n'écrirais pas plutôt, hein ? Tu as assez lu comme ça…

– C'est pas aussi facile que ça, tu sais, Doudou.

– Écoute, tu pourrais faire un effort… Je t'assure que ce ne sera pas aussi facile de passer l'hiver dans une chambre tout seul. Je connais deux Sénégalais qui se sont retrouvés dans un asile psychiatrique pour moins que ça. Boubacar et Diouf n'arrivaient plus à supporter le bruit du vent contre les fenêtres, ni ce froid soleil, ni les arbres sans feuilles, alors un jour de février ils sont sortis nus dans la rue par moins trente degrés.

Un long silence.

– Mais si on n'a jamais écrit…

– Qui te parle d'écrire ! C'est de ta peau qu'il s'agit.

– Peut-être que je pourrai faire semblant…

– Hé, je ne parle pas d'un baratin pour passer un bon moment. Je te parle d'un tête-à-tête de six mois, car l'hiver dure ici jusqu'à fin mai. Au bout d'un moment, elle découvrira ton subterfuge et te jettera à la rue.

– Que dois-je faire alors ?

– D'abord accepter le fait que tu es un écrivain.

– Tu veux que je me mente.

– C'est un pari sur l'avenir.

– Je n'ai même pas de machine à écrire.

– J'en ai une vieille dans un coin… C'était à un Ivoirien. Je lui avais conseillé d'écrire, mais ça n'a pas marché, alors avant de rentrer chez lui à Abidjan, il me l'a apportée pour régler son ardoise.

– Ce n'est pas la première fois que tu conseilles à quelqu'un de devenir écrivain.

– Oui, chaque fois que je tombe sur un type qui ne sait ni chanter ni danser… Que veux-tu que je fasse d'un faux Nègre !

– Est-ce qu'au moins un est devenu écrivain ?

– Aucun, lance Doudou avec ce terrifiant éclat de

rire… D'un point de vue strictement statistique, tu as toute ta chance.

Le temps de boire un verre de mauvais rhum guadeloupéen.

– Ce rhum est trop bon, jette Doudou. Il vient de mon pays.

– D'accord, tu peux me passer ta machine à écrire.

– Voilà qui est parlé… Je me suis toujours dit que, pour être écrivain, il ne s'agit pas de savoir écrire mais de se trouver au pied du mur.

Il repart à rire, ce qui réveille Nina Simone qui somnolait en interprétant une chanson de Barbara.

– On est écrivain avant d'écrire la première phrase de sa vie. C'est avant qu'on l'est, pas pendant ni même après. Quand on commence à écrire, c'est déjà trop tard.

– Si tu sais tout ça, Doudou, pourquoi tu n'écris pas ?

– Moi, je ne suis pas écrivain. Mon truc c'est de faire marcher cette boîte… Et puis, j'ai toujours du monde autour de moi, alors que je vois l'écrivain comme un être désespéré et seul.

Nina Simone termine au même moment son tour de chant, une cigarette à la bouche et un verre de vin à la main. C'est comme ça que je veux écrire.

L'amour

J'écrivais le matin, nu, généralement après avoir fait l'amour. La fille encore endormie, je tapais comme un dératé sur ma vieille Remington 22 qui a appartenu à Chester Himes. (Celle de l'Ivoirien se révéla complètement déglinguée. Il a dû la lancer trop souvent contre le mur les soirs de cafard.) Je n'arrivais pas à écrire sans une fille dans la chambre à côté. Il y en a qui perdent leur force dans le sexe, moi, le sexe m'ouvre l'appétit littéraire. De temps en temps, je jetais un coup d'œil vers le lit. Une forme longue et douce, sous le drap maculé, çà et là, de larges taches de sperme. J'ai connu une fille qui adorait l'odeur du sperme frais.

Alex entre dans la pièce sans frapper.

– Qu'est-ce que tu fais ? me jette-t-il en se dirigeant tout droit vers le réfrigérateur pour une bière.

Les gens ont la manie de vous poser les questions les plus saugrenues. Vous êtes sous la douche et ils n'hésitent pas à vous demander ce que vous y faites.

– Tu ne le vois pas…

– Qu'est-ce que tu écris ? Pas encore un truc sur le sexe ?

– Mon ami, il y a deux choses qui m'intéressent : le sexe et l'écriture, alors j'écris sur le sexe.

– Moi aussi, ça m'intéresse, dit sombrement Alex, mais quand je glisse un petit passage érotique dans mes nouvelles, mon éditeur me le supprime toujours.

– Et il a raison.

Alex a un léger sursaut.

– Tu défends la censure maintenant !

– Écoute, mon vieux, si tu fais ça uniquement pour mettre un peu de piquant dans ta nouvelle. L'obscénité c'est d'utiliser le sexe à son profit personnel. Le sexe ou toute autre chose. Quand on aime, rien n'est laid.

– Ouais… mais comment le faire savoir ?

– Le style… Le charme… Les gens sentent quand le plaisir est là… Écoute, Alex, je peux écrire ce que je veux, comme je veux et où je veux. Mon seul problème c'est que j'ai plutôt envie d'arrêter.

Alex me regarde d'un air grave, comme un enfant qui assiste à ce qu'il croit être une intolérable injustice.

– Je me demande pourquoi ils te laissent faire et pas moi.

– Tu as l'air de toujours être en train de demander la permission, Alex. Les gens passent leur temps à douter d'eux-mêmes, alors ils veulent croire que au moins dans le domaine des idées et du rêve, on a tous les droits.

– Tu sais bien, réplique Alex, qu'on n'a jamais tous les droits…

– Bien sûr, mais on peut en donner l'illusion.

– Qu'est-ce que tu racontes là ? Je te croyais un homme libre, et maintenant tu m'apprends que tu triches !

– On peut tout écrire, le problème c'est d'arriver à se faire lire. Le lecteur existe aussi, et il a ses tabous et sa sensibilité. Il aime bien sentir que tu sais qu'il est là.

– On doit constamment faire attention alors ?

– Surtout pas… C'est difficile à expliquer…
C'est comme la séduction : l'autre aimerait bien que
tu agisses selon son désir, tout en espérant que tu
fasses à ta tête. C'est une règle implacable, mais personne n'y peut rien. Il n'y a aucune place pour la
morale dans cette histoire. L'amour remplace la loi.

– Et toi, tu veux être aimé ?

– Oui, mon vieux, j'écris pour être aimé.

– Donc ce n'est pas un problème de sexe.

– Ni d'écriture.

Autoportrait

Dany : Comment écris-tu ?

Laferrière : J'écris généralement à l'aubc, juste
après avoir fait l'amour.

D. : Tu dis ça pour provoquer encore une fois ?

L. : Je n'écris bien que quand il y a une femme
sous la douche.

D. : Le bruit de l'eau ?

L. : Le corps mouillé.

D. : Aujourd'hui, ça va pour toi ; te souviens-tu
de ce jeune homme arrivé à Montréal, en 1976, avec
une valise en fer-blanc ?

L. : Bien sûr, j'avais vingt dollars en poche et je
ne connaissais presque personne…

D. : Pas de légende avec moi. Raconte ça plutôt

aux journalistes, mon vieux.

L. : T'as raison, je ne sais pas combien de fois on m'a demandé de raconter l'histoire de mes débuts… C'est devenu une fable.

D. : Tu sais que tu ne peux pas me mentir… Tu te souviens de la chambre crasseuse de la rue Saint-Denis, de la soupe populaire dans le Vieux-Montréal?…

L. : Ah oui, c'est un ami africain qui m'a amené là… Cette religieuse si gentille nous a gavés de soupe chaude, de légumes et de poulet. On m'a donné aussi une paire de bottes et des chandails. Dix ans plus tard, je suis revenu y faire des reportages pour la télé. Les mêmes types buvaient encore la même soupe.

D. : Et les premières femmes ?

L. : Au 50, rue Crémazie, je ne sais pas si ça existe encore. Un bar minable. On m'a emmené un soir. La plus jeune femme de la place avait soixante-deux ans. J'en avais vingt-trois.

D. : À l'époque, tu dormais beaucoup ?

L. : C'est vrai, je passais mon temps à regarder la télé (une petite télé noir et blanc) et à dormir. Je connaissais toutes les émissions de la journée. Mon émission favorite c'était les tirages où les gens semblaient heureux de gagner des disques de chanteurs de troisième ordre.

D. : Malgré tout, tu n'as jamais pensé au suicide ?

L. : Malgré tout, cette vie était meilleure que celle

que je menais en Haïti, où je risquais ma peau à chaque coin de rue.

D. : Si je me souviens, tu es parti sans rien dire aux amis avec qui tu luttais pour un changement en Haïti ?

L. : J'étais vraiment en danger. Je me souviens de cette nuit terrible où il fallait quitter Port-au-Prince le lendemain sans en parler à personne. Sauf à ma mère qui était au courant de mon départ. J'ai marché toute la nuit dans la ville.

D. : Des fois, tu ne penses pas à ceux qui sont restés là-bas ?

L. : Si. C'est pour cette raison que je n'ai pas osé écrire le mot *Haïti* dans mon premier roman. Je ne m'en sentais pas digne.

D. : Et aujourd'hui ?

L. : J'ai moins mal, personnellement, tandis que Haïti souffre encore plus.

D. : Je ne comprends pas.

L. : Je crois qu'il faut des pauses, même au cœur de la plus folle douleur. Non seulement la dictature nous détruit, mais son rêve, c'est d'occuper toutes nos pensées, de sucer toutes nos énergies. Il faut garder ses forces pour créer, produire, être heureux : tout ce que les hommes en place détestent.

D. : Tu n'as pas tant créé que cela, de 1976 à 1985, l'année de la sortie de ton premier roman.

L. : Ce furent des années extrêmement importantes pour moi. Je venais de quitter un univers où les femmes (ma mère et mes tantes) s'occupaient exclusivement de moi pour le rude hiver de l'exil. J'ai travaillé dans des usines, j'ai vécu comme un clochard. Pour un écrivain, c'est la meilleure école au monde. Si j'étais resté à Port-au-Prince, je n'aurais connu que l'univers restreint de ma classe sociale.

D. : Et à partir de 1985…

L. : Tout a changé en novembre 85. J'ai tout de suite connu la célébrité.

D. : C'est arrivé comment ?

L. : Tu dois bien le savoir… Fais pas le con avec moi !

D. : J'ai oublié.

L. : J'ai fait cette entrevue avec Denise Bombardier et le lendemain, tout le monde me souriait dans la rue. Je venais d'exister. Le titre du livre (*Comment faire l'amour avec un Nègre sans se fatiguer*) y était pour quelque chose aussi. On a fait un film qui a été vu dans plus de cinquante pays. Aux États-Unis, l'affiche et le titre du film ont été boycottés par toute la grande presse américaine.

D. : Et qu'est-ce que ça te fait, la célébrité ?

L. : Je trouve ça normal.

D. : Tu as toujours été vaniteux, me semble-t-il.

L. : J'ai toujours pensé que j'avais quelque chose à dire.

D. : Et c'était quoi ?

L. : Je ne suis pas de ceux que l'on parque facilement dans un ghetto. Je ne suis ni un Noir ni un immigrant, et je ne saurais dépendre d'un quelconque ministère de l'Immigration. Je suis le fils de

Marie et le petit-fils de Da, deux honnêtes femmes qui ont nourri pour moi les rêves les plus grandioses. Je ne saurais me contenter de miettes, je veux le gâteau entier.

D. : Moi aussi, j'ai quelque chose à te dire. Des fois, j'ai l'impression que tu t'es perdu à force de tant vouloir te faire voir. Tout cet étalage sexuel... Était-ce nécessaire ? Penses-tu quelquefois à ta femme ?

L. : Tu veux dire notre femme... J'ai l'impression qu'elle me voit comme un grand garçon fou.

D. : Ça t'arrange de penser cela. Des fois, elle aurait aimé que tu sois un peu plus sérieux.

L. : Si je deviens plus sérieux, mon ami, les médias me laisseront tomber du jour au lendemain. Aujourd'hui, c'est la dictature du plaisir. Je ne peux plus faire marche arrière.

D. : Tu te trompes, il y a des gens intelligents qui nous écoutent en ce moment... Parle-nous de tes enfants.

L. : J'ai trois filles. Elles ont chacune un tempérament différent. Vraiment différent. L'aînée, Melissa, est très calme (apparemment). Comme moi. Sa cadette, Sarah, est une boule de vie, d'invention, de rires, de réactions imprévisibles. Ma dernière fille, Alexandra, est vraiment haïtienne. Elle en a les gestes, l'accent, le sens musical, la ruse.

D. : Et ta femme ?

L. : La seule chose qu'elle m'a demandée, c'est de ne jamais parler d'elle. J'ai choisi la lumière. Elle a préféré l'ombre. Elle me protège quand je vais trop loin.

D. : Dans la lumière ?

L. : Oui. L'Amérique peut tuer quiconque s'approche trop près de sa flamme.

D. : Tu t'es brûlé ?

L. : Non, j'ai fui à temps.

D. : Où ?

L. : Je me suis réfugié dans mon enfance.

D. : Et aujourd'hui ?

L. : Je viens nu devant vous, ô lecteur. Et j'entends déjà les balles siffler autour de ma tête.

Le vert paradis des lectures enfantines

Tout a commencé, il y a très longtemps, au temps de la haute enfance. Je ne savais encore ni lire ni écrire. Un jour, je suis entré (à l'aube, je m'en souviens) dans la chambre de mon grand-père. Il était assis, en pyjama, devant sa petite table et ne faisait aucun bruit. Sa tête penchait légèrement en avant. Son buste restait bombé comme à l'ordinaire. Le visage fixe. Seuls les yeux bougeaient. Je fus pris de panique, ne l'ayant jamais vu dans cette position. S'il n'était qu'à quelques centimètres de moi, j'avais l'impression presque angoissante qu'il ne se trouvait pas dans la chambre. Son corps était là, mais son esprit vagabondait ailleurs. Au moment où j'allais me mettre à hurler, il a senti ma présence, s'est tourné vers moi pour me faire cet étrange sourire qui se voulait rassurant. Je me suis demandé pendant des mois ce qu'il faisait de si mystérieux ce matin-là.

Je n'ai su que des années plus tard que mon grand-père s'adonnait, toujours à l'aube, au plus intime, au plus jouissif et au plus satisfaisant des plaisirs solitaires. Cet homme était en train de lire. Le sens et la musique des mots le pénétraient si intensément qu'ils l'avaient entraîné dans ce voyage mystérieux. Cette curieuse musique qui, sans faire aucun bruit, parvenait à le faire pleurer ou sourire. Les voix douces et inquiètes des hommes et des femmes à travers les siècles lui murmurant des histoires terribles, violentes ou pleines de tendresse.

J'ai aussi appris à lire en même temps que mes cousins et cousines, dans un époustouflant désordre d'âge. J'étais parmi les plus jeunes, mais rapidement je me suis hissé au niveau de lecture des plus âgés. Mon grand-père avait pris l'habitude de nous écouter lui faire la lecture, le samedi après-midi, dans la vieille guildive, près du cimetière, où l'on faisait un mauvais tafia (une sorte d'eau-de-vie). C'était un après-midi chaud et humide. Un orage se préparait. On était assis en cercle autour de mon grand-père, et chacun devait lire, à tour de rôle, une histoire qu'il avait lui-même préalablement choisie et préparée durant la journée. Il y avait dans ce livre à couverture rouge vin, mon premier livre de lecture courante, beaucoup d'histoires à caractère moral, et j'aimais surtout le fait qu'elles se terminaient toujours bien. Je me souviens avoir lu l'histoire de Robert Bruce, ce chef de guerre qui venait de perdre sa sixième bataille contre l'ennemi. J'étais ému par ce passage où l'on voyait un Robert Bruce qui léchait ses blessures, couché dans cette pauvre chaumière en pensant sombrement à son destin. Bruce, désespéré, allait tout abandonner quand il remarqua cette bestiole qui essayait depuis des heures de grimper, sans y parvenir, sur un mur lisse. Ce n'est qu'après la septième tentative qu'elle finit par atteindre son but. Bruce se releva et engagea une huitième bataille qu'il gagna. Mon grand-père adorait cette histoire. Je pense aujourd'hui que mon grand-père était, à l'époque, dans la position de Robert Bruce. Lui aussi avait échoué tant de fois dans ses tentatives d'imposer le café de Petit-Goâve sur le marché national. Lui aussi s'était finalement réfugié dans cette guildive désaffectée pour panser ses blessures en écoutant ses petits-enfants lui faire la lecture.

Je suis rapidement devenu son lecteur attitré. Une autre histoire savait l'amuser quand il était vraiment découragé. C'est étrange le pouvoir des mots. Je m'asseyais à ses pieds, le dos contre le mur. Lui, sur sa vieille dodine, un crachoir tout près. Il était déjà bien malade. J'avais pris l'habitude, sans savoir d'où cela me venait, de m'éclaircir par trois fois la voix avant de commencer la lecture. Les trois coups du théâtre. Voilà : c'est l'histoire d'un roi qui visitait une prison. Le chef de la prison lui présentait les prisonniers. Et le roi demandait à chacun la raison de son enfermement. Le premier répondit que c'était une erreur, les gendarmes s'étaient trompés et avaient emmené un innocent à la place du voleur. Le deuxième que c'est parce qu'un voisin le jalousait à cause de son potager qui était plus beau que le sien (je ne me souviens pas de tous les faits de cette histoire, ne l'ayant jamais relue depuis la mort de mon grand-père). Ainsi de suite jusqu'à ce qu'on arrive à cet homme qui gardait tout le temps la tête baissée. Le roi lui dit : «Alors, mon brave, encore une injustice ?» Et le prisonnier de répondre : «Non, mon bon roi, je suis coupable.» Le roi entra alors dans une terrible colère : «Comment se fait-il qu'on mette un tel scélérat avec des innocents ?» Le chef de la prison ne savait quoi répondre. Mon grand-père me fit à ce moment un clin d'œil complice. Et le roi d'ajouter : «Jetez-moi dehors cet homme avant qu'il ne contamine les autres.» Le chef de la prison fut obligé de relâcher le malfaiteur. Et mon grand-père qui n'arrêtait pas de rire durant tout le reste de l'après-midi. Il aimait beaucoup cette histoire. Et même sur son lit de mort, quand on m'a poussé dans sa chambre (j'avais un peu peur de l'odeur de la mort et surtout de cette gravité que je voyais sur les visages des adultes), voyant ma panique, mon grand-père m'a fait signe de m'approcher vers lui pour me murmurer à l'oreille : «Ne t'inquiète pas, Vieux Os, je dirai à Dieu que je suis coupable et, pour éviter que je ne puisse corrompre les saints, il me renverra sur Terre.» J'ai éclaté de rire. Les gens croyant que je faisais une crise nerveuse, m'ont immédiatement emmené dans la chambre d'à côté pour me faire respirer du sel ammoniac. J'ai passé tout l'après-midi couché sur le dos, dans le lit de ma grand-mère, avec une compresse de marc de café sur le front.

Après la mort de mon grand-père, je me suis jeté sur les livres et je lisais tout. Tout ce qui me tombait sous la main. Mon plaisir était très divers. J'aimais surtout la comtesse de Ségur, à cause de cette espèce de gaieté qu'il y a dans ses livres. Une gaieté mêlée de larmes (la cruauté des enfants riches). Je dévorais Le Club des cinq, surtout quand j'avais un peu faim (mais pas trop). Les repas qu'on y préparait (surtout les glaces) me faisaient venir l'eau à la bouche. Je me couchais sous la grande balance de café et je passais toute la sainte journée à lire. Il ne s'agissait pas d'un livre en particulier mais du simple fait de lire. La lecture. Les mots qui réveillent des sensations, des sentiments, des mondes. Le merveilleux et délicieusement pervers plaisir de passer, avec mon amie Alice, de l'autre côté du miroir. Le premier vrai livre que j'ai lu, c'était *Capitaine Courageux* de Kipling. Je ne me souviens de rien aujourd'hui mais uniquement du fait que je m'étais posé, à l'époque, cette question qui allait être à l'origine de l'aventure de l'écriture dans ma vie : comment Kipling s'y était-il pris pour que je sois avec ces marins de Terre-Neuve, sur ce bateau de pêche, à affronter le froid et les tempêtes ? Cette interrogation ne s'adressait pas à la magie de la lecture (comme c'était le cas quand j'ai surpris mon grand-père à l'aube en train de lire), mais plutôt à celle de l'écriture (cet inconnu du nom de Kipling qui arrive à me toucher jusque sous la vieille balance de café, à Petit-Goâve, en Haïti).

Le frère Loïc avait pris la bonne habitude de nous faire la lecture, le vendredi après-midi, durant la dernière heure de classe. *Le Dernier des Mohicans*. Je gardais pour moi le soupçon que les Mohicans n'avaient pas cet accent breton. Un rien peut tout détruire. C'est si fragile le plaisir. Bien sûr, les Dumas ont alerté mes sens. Je leur dois le quart de mon enfance. Et aussi Stevenson. Ce sont des écrivains locaux pour ainsi dire, puisque Dumas est né à Jérémie, dans le sud d'Haïti. Et l'île des pirates, la célèbre île de la Tortue, se trouve dans le nord-ouest du pays. Dumas, Stevenson, Carroll, c'est très bon pour un enfant ou un adulte, mais un adolescent a besoin d'un alcool plus fort, capable d'exciter non seulement son imagination mais aussi ses sens. Un jour j'ai trouvé, cachée entre les piles de draps propres de la grande armoire, toute une petite bibliothèque secrète. *Climats* d'André Maurois, que j'ai lu un jour où j'avais la fièvre. J'étais tombé en même temps sur une bouteille de cocktail de cerises (un mélange de cerises cuites dans l'alcool avec du sirop d'orgeat) que j'ai bu en lisant ce livre. Je ne me rappelle pas si c'étaient les mots ou l'alcool, mais je me trouvais dans un état d'ivresse totale. Ensuite, Stefan Zweig m'a entraîné dans *La Pitié dangereuse* et *La Confusion des sentiments*. Puis ce fut la découverte

capitale. Le premier orgasme par les mots. Je grelot-
tais ce jour-là de fièvre (j'ai eu une enfance
fiévreuse). J'ai commencé la lecture de ce livre,
curieusement sans couverture, de sorte que j'ai
ignoré pendant longtemps son titre et le nom de son
auteur. La fièvre grimpait au fur et à mesure que je
m'enfonçais dangereusement dans le sable mouvant
de cette lecture. Je sentais qu'il se passait en moi
quelque chose de terrible, de monstrueux même.
Mon sang coulait à toute allure dans mes veines. Ce
n'étaient décidément plus les gentilles histoires que
me faisait lire mon grand-père mais quelque chose
de plus dangereux : le sexe interdit. Le sexe qui bouleverse l'ordre social. Je n'ai su que bien plus tard
que cet auteur n'était nul autre que D.-H. Lawrence
et son livre *L'Amant de lady Chatterley*.

C'est à l'aube que j'aime lire.

La recette magique

C'est ma grand-mère qui m'a initié à la cuisine,
durant mon enfance, à Petit-Goâve. Elle ne m'a rien
appris directement. Je la regardais simplement faire.
J'avais huit ans, et j'étais curieux de tout.

Un jour, vers la fin du mois d'avril 1961 (étant né
en avril, je remarque que tous les événements importants de ma vie se passent en avril), elle m'annonçait
presque fièrement qu'on n'avait plus un sou.

– Comment va-t-on faire pour manger ? je

demande alors avec une certaine anxiété.

Elle se contente de sourire en me demandant d'aller chercher de l'eau pour remplir la grosse marmite. Pendant ce temps, elle prépare le feu. La marmite étant bien placée sur le feu, je me retourne vers Da.

– Ensuite, Da ?

– Maintenant, on va aller s'asseoir sur la galerie.

– Mais, Da, on n'a encore rien mis dans l'eau… Il n'y aura rien à manger tout à l'heure.

– Ne t'inquiète pas, dit calmement Da, on a déjà fait un pas important.

– Quel pas, Da ?

– L'eau est sur le feu.

Da s'assoit dans sa vieille dodine, avec sa cafetière à ses pieds. Je me couche par terre, comme à l'ordinaire, afin de mieux observer les fourmis qui vaquent à leurs occupations dans les interstices des briques jaunes de la galerie. Nous habitons au 88 de la rue Lamarre. C'est une rue fortement animée, du fait surtout que les paysans qui viennent des onze sections rurales formant le district de Petit-Goâve doivent nécessairement l'emprunter pour aller aux casernes, au parquet, au tribunal civil ou même au grand marché près de la place. Cela n'a pas pris trop longtemps pour qu'un paysan s'arrête devant notre maison, tout souriant.

– Da, le remède que vous m'avez conseillé l'autre jour m'a fait beaucoup de bien. La douleur me laisse enfin un peu de répit.

– Je suis contente pour toi, dit Da.

– Da, je n'ai pas grand-chose, mais c'est de bon cœur que je vous offre ces pauvres légumes.

– Merci beaucoup, lance Da sur un ton assez guilleret.

L'homme continue son chemin vers les casernes jaunes tout au bout de la rue.

– C'est Hannibal, dit Da. J'ai bien connu son père, Bonaparte, qui était un homme intègre. Je ne me souviens pas de lui avoir conseillé quoi que ce soit pour sa douleur, mais il trouve toutes sortes de prétextes pour m'apporter des légumes. J'avais aidé Bonaparte, il y a longtemps, dans une affaire d'arpentage. Les paysans n'oublient jamais quand on leur a fait du bien ou du mal. Et cela se transmet de père en fils.

J'ouvre le sac pour trouver trois énormes ignames, cinq belles patates, un gros chou, quelques carottes, deux aubergines avec une belle robe violette et quatre noix de coco.

– Da, je vais les mettre dans l'eau bouillante, dis-je tout excité.

– Attends un peu, Vieux Os (c'est ainsi qu'elle m'appelle parce que j'aime m'attarder sur la galerie, avec elle, à admirer les étoiles), je sens que la viande est en chemin.

En effet, une dame revenant du marché s'arrête brusquement devant notre galerie, comme si elle avait été piquée par une guêpe.

– Da, j'ai un problème, dit-elle.

– Qu'est-ce qui se passe, madame Absalom ?

– Figurez-vous, Da, que je viens d'acheter un magnifique morceau de bœuf qu'Excellent m'a préparé lui-même, et c'est maintenant que je viens de me rappeler qu'Absalom ne doit manger de viande sous aucun prétexte, cette semaine.

– Mais pourquoi, ma chère ?

– Ah Da, il a fait un vœu.

– De ne pas manger de viande… Je n'ai jamais entendu une chose pareille.

– Absalom est un homme compliqué, Da… Si vous pouviez prendre ce morceau de bœuf, Da. Vous me le rendrez la semaine prochaine.

– Je n'avais pas l'intention de manger de viande non plus, aujourd'hui, mais puisque tu insistes tant, dit Da en me faisant un clin d'œil complice.

Je me lève pour aller prendre le morceau de bœuf des mains de madame Absalom. Le temps de le ramener à Da, ma main est déjà couverte de sang de bœuf. Je cours me laver dans le bassin d'eau, près de la maison de Naréus. À mon retour, madame Absalom a déjà atteint la croix du Jubilé. J'achève d'éplucher les légumes.

– Prends deux noix de coco avec quelques légumes que tu vas apporter chez Thérèse. Je n'ai pas vu de fumée chez elle, aujourd'hui.

– Tu crois qu'elle n'a même pas d'eau, Da ?

– Elle a de l'eau, dit Da avec ce rassurant sourire qui m'apaise tant, mais elle ne connaît pas notre recette magique.

Je file porter les légumes à notre voisine, et reviens du même élan. Da dit que, quand il s'agit de manger, je peux être aussi rapide que l'éclair.

– Elle t'a envoyé un peu d'huile et du sel, Da.

– C'est tout ce qui nous manquait !

On continue à éplucher les légumes pendant un certain temps.

– Vieux Os, dit finalement Da sur un ton triomphant, je crois qu'on est prêts pour la cuisson… Va mettre le tout dans l'eau bouillante, et n'oublie pas d'y jeter une poignée de sel.

Moins de deux heures plus tard, nous étions, Da et moi, attablés sous la tonnelle, près du manguier, à déguster le plus succulent repas de toute ma vie. Je me souviens d'avoir réfléchi longuement ce jour-là aux mystères de la cuisine : tous ces ingrédients si différents qui, une fois cuits ensemble, donnent ce goût si savoureux.

Des années plus tard, quand j'ai commencé à écrire, je me suis souvent rappelé la recette magique de Da. Il faut jeter les idées et les émotions sur la page blanche, comme des légumes dans un chaudron d'eau bouillante. Mais d'abord et surtout, on doit commencer à écrire même quand on ne sait pas quoi dire. Thérèse avait une marmite, de l'eau, de l'huile et du sel, mais c'est Da qui a fait le repas. Da a eu l'audace de croire au hasard et à la vie. Et c'est là la raison d'être même de l'écrivain. Il y a aussi l'idée que la cuisine est l'art le plus proche du roman.

Un, deux, trois libraires

Il n'y a pas de librairies, il n'y a que des libraires. J'en ai rencontré trois dans ma vie. Dans trois villes différentes : Port-au-Prince, New York, Montréal. Je peux ressortir de la plus belle librairie du monde si je ne ressens aucune affinité avec le libraire. C'est un métier qui ressemble à celui de barman. Un vrai barman est aussi rare qu'un bon libraire. Être présent quand il le faut, et savoir se retirer à temps. Être là et pas là en même temps. Un bon barman comme un vrai libraire peut passer quinze ans sans vous adresser la parole s'il sent que vous n'êtes pas ici pour converser, ou devenir sur un simple coup d'œil un ami intime. Difficile équilibre.

Le premier vrai libraire que j'ai connu était un gros homme toujours terré au fond de sa librairie, dans le quartier commercial de Port-au-Prince. C'était la librairie La Pléiade, mais tout le monde disait : « Chez Lafontant ». J'ai pris du temps avant d'entrer dans sa librairie. Malgré cela, il me souriait chaque fois que nos regards se croisaient. Il m'attendait sans se presser. On sait qu'on est dans une bonne librairie quand on ne sent sur sa nuque aucune pression de quelque nature que ce soit. Je me souviens de son visage lourd qui respirait la bonté et une solide connaissance des hommes. On était sous Papa Doc, durant ces années de grande terreur. Et les intellectuels, les professeurs, les étudiants comme les simples lecteurs étaient les premiers visés par le pouvoir. Les sbires du régime pourchassaient le bon livre. Maspero représentait le Diable en personne. Et Lafontant avait toute la collection Maspero cachée tout au fond de sa librairie. Son travail consistait à détecter au premier coup d'œil l'espion (déguisé en étudiant) envoyé par Papa Doc pour le prendre en flagrant délit de vente de livres interdits, et du coup fermer sa librairie. Ce qui aurait été pour moi et mes camarades, lecteurs affamés terminant une difficile adolescence dans cette ville hérissée de dangers, un désastre sans nom. Dire qu'on n'a jamais pu le pincer vous donne une idée de son intelligence, de sa capacité d'observation et de son sens des responsabilités. Aujourd'hui que Papa Doc est mort et son fils en exil, la librairie est encore ouverte et est gérée par les filles Lafontant. Je n'oublierai jamais que si le bon livre (pas les romans à l'eau de rose dont le pouvoir entendait nous gaver afin de nous gâter les dents) a survécu à la dictature c'est grâce à l'intelligence et au courage de cet étonnant libraire – il est mort il y a quelques années – qui a su faire de sa librairie un foyer de résistance intellectuelle.

J'ai dû quitter Haïti en 76, et quelque temps plus tard je me suis rendu à New York où vivait ma femme. Elle fréquentait, à Manhattan, la librairie Haïtian-Corner (Le Coin des Haïtiens). Le nom était juste car tous les Haïtiens de New York ou de New

Jersey se retrouvaient là un jour ou l'autre. Ils y venaient pour toutes sortes de raisons, mais surtout pour le café de Moringlane, le propriétaire. Des exilés, des étudiants, des artistes, des hommes politiques en disgrâce, des chercheurs, des journalistes. Personne n'aurait jamais cru qu'une si minuscule librairie puisse contenir tant de gens à la fois, venant de classes sociales, de confessions religieuses ou de tendances politiques si différentes (des fois opposées même). Des couples se sont formés dans cette librairie. C'est là que ma femme est tombée pour la première fois sur mon nom en lisant un magazine haïtien (*Le Petit Samedi Soir*). Cette librairie servait aussi de boîte postale pour certains, de lieu de rendez-vous politique ou amoureux pour d'autres. Des partis politiques se réunissaient au Haïtian-Corner pour mettre en place des stratégies plus fumeuses les unes que les autres afin de renverser le pouvoir en place. Celui de Papa Doc et, plus tard, celui de Baby Doc. Un jour, j'ai même vu un ancien chef d'État haïtien, Paul Eugène Magloire, s'enfermer dans le cagibi, près des toilettes, pour siroter, dans une minuscule tasse bleue, le merveilleux café de Moringlane. Je ne sais pour quelle raison, on a toujours associé le livre au café.

Je ne comprendrai jamais pourquoi j'ai pris tant de temps à remarquer la librairie Québec-Amérique, rue Saint-Denis, dans la section comprise entre la rue Ontario et la rue de Maisonneuve, tout à côté du restaurant-bar *Le Faubourg*. En un mot : mon coin. Par contre, je me souviens exactement de la première fois que j'y suis entré, il y a plus de vingt ans. Je fus reçu par une dame bien habillée avec des manières outremontaises et cette chaleur dans la voix et dans les yeux, cette avidité de rencontrer quiconque se présente à elle, cette passion pour tout ce qui touche à la culture et à la vie. Je fus immédiatement conquis par Rollande Bengle. Ce que je ne savais pas, c'est que tous mes amis connaissaient cette librairie. Les gens que j'aimais y travaillaient. C'est là que j'ai découvert Bukowski, ce qui n'est pas rien dans ma vie. À part Rollande, il y avait les filles Bengle, dont l'une, Annick, allait devenir une amie importante pour moi. Quand j'ai publié mon premier roman, c'est à elle que j'ai donné le manuscrit patiemment décoré et si différent du texte publié (plus noir et plus dense). Annick habitait l'étage au-dessus de la librairie, et j'allais la voir quand j'avais faim de tendresse, de calme et de spaghetti à l'ail. L'escalier était étroit et raide, mais on pouvait être sûr de la trouver au sommet. Tandis que l'autre sœur, Dominique, passait son temps à me refiler des bouquins. Je gagnais très peu à l'époque pour un boulot merdique. Je pouvais à peine bouffer correctement. J'allais lire, le samedi matin, à la librairie Québec-Amérique. Dominique Bengle m'a fait découvrir Melville. Fallait voir avec quelle délicatesse les sœurs Bengle s'arrangeaient pour me refiler en douce tant de bouquins et de tendresse. Je n'essaie pas de les rendre mal à l'aise. Je veux simplement me rappeler cette époque magique où je n'ai pas eu à acheter des livres. Je veux me rappeler surtout le visage passionné de cette femme assez frêle mais si élégante qui fut à l'origine de ce flot de tendresse et de livres que ses filles ont déversé sur moi. Cette femme qui m'a immédiatement accueilli, me traitant en prince quand je n'étais qu'un presque clochard. La dernière fois que j'ai vu Rollande Bengle, elle n'avait plus de librairie depuis longtemps, et elle me paraissait si légère que j'avais l'impression que le moindre souffle de vent pouvait l'emporter à tout moment. En effet, elle est partie, mais je ne l'ai pas oubliée.

Quand j'arrive dans une nouvelle ville, la librairie est toujours le premier lieu que je cherche. J'y pénètre. Et, tout de suite, je sais dans quel genre de ville je suis.

Le voyage

Je porte trois villes en moi. Port-au-Prince, Montréal, Miami. Je ne compte pas Petit-Goâve où j'ai passé mon enfance. L'enfance est un pays en soi. Je suis né à Port-au-Prince, mais très vite, pour des raisons politiques (mon père avait déjà pris l'exil à cause de ses idées subversives et ma mère craignait que Duvalier ne dirige sa colère sur moi), on m'a envoyé, vers l'âge de quatre ans, chez ma grand-mère, à Petit-Goâve. Petit-Goâve est une petite ville coincée entre la mer turquoise des Caraïbes et la montagne. Une enfance heureuse. Comme c'est étrange : une enfance heureuse sous la dictature. Après mon certificat d'études primaires, mais surtout à cause de cette insécurité qui régnait alors dans la ville, j'ai dû quitter Petit-Goâve pour aller retrouver ma mère à Port-au-Prince. Port-au-Prince, la scandaleuse. Les filles sulfureuses, les rues asphaltées, le bruit incessant des voitures. Le voyage de Petit-Goâve à Port-au-Prince m'a affecté plus profondément que celui qui me mènera, plus tard, à Montréal. D'une certaine manière, j'ai ressenti une différence beaucoup plus grande entre Petit-Goâve et Port-au-Prince qu'entre Port-au-Prince et Montréal. Les grandes villes se ressemblent toujours d'une certaine manière. Disons que le choc est plus fort quand on passe de l'enfance à l'adolescence que de l'adolescence à l'âge adulte. Petit-Goâve possède l'innocence d'un tableau naïf de Jasmin Joseph. Port-au-Prince, c'est le désir tourmenté qu'on trouve dans les paysages insolites et mystiques de Jacques-Enguerrand Gourgue. Montréal m'a toujours fait penser à une jeune fille fraîche, directe et bien dégourdie. Montréal est devenue mon choix d'homme. Et Miami, mon lieu d'écriture. Le passage étroit et difficile (celui de l'enfance à l'adolescence) me semble presque plus dramatique que celui du chaud au froid que je connaîtrai des années plus tard en quittant Port-au-Prince pour Montréal. Tant il est vrai que ces fines nuances (celles qui existent à l'intérieur d'une même culture et qui sont difficilement perceptibles quand on n'a pas encore quitté son propre environnement) agissent en nous comme de petites bombes à retardement et se révèlent en définitive plus percutantes que les différences, évidentes et attendues, que nous rencontrons en voyageant.

Le choc culturel

Voilà une notion incompréhensible pour moi : le choc culturel. Je remarque que ce sont précisément ceux qui n'ont jamais quitté leur pays qui en parlent avec le plus de gourmandise. Ces gens ne vous lâchent pas un moment pour ne pas rater, sous aucun prétexte, le spectacle formidable d'un «choc culturel» en direct. Ce sont eux, bien sûr, qui vous parlent de l'hiver qui dure souvent jusqu'à la fin de juin. Du froid qui peut vous brûler les oreilles, le nez et les doigts. Du vent glacé qui vous rend fou. De la ville bloquée pendant des jours par une terrible tempête de neige. De la glace qui rend les trottoirs dangereux. C'est qu'il leur faut préparer minutieusement un tel événement : votre choc culturel. Me voilà à Montréal, durant l'été 76, celui des Jeux de la petite Roumaine Nadia Comaneci. Et durant tout cet été, je peux vous dire qu'on m'a cassé les oreilles avec l'hiver qui n'allait pas tarder. Bien sûr que j'étais au courant du fait que les saisons se suivaient et que l'hiver allait se présenter tout de suite après l'automne. Pendant un moment, j'ai eu l'impression d'être tombé dans un monde vraiment étrange. Tous ces gens qui se plaignaient de l'hiver en plein été. Moi qui venais d'une culture où l'on vivait au jour le jour et où on avait du mal à imaginer de quelle couleur serait la saison prochaine, me voilà en train de partager l'intimité de gens (les Montréalais) qui avaient du mal à vivre dans le temps présent. C'est qu'ici on avait le don d'anticiper la douleur. En été, on ne parlait que de l'hiver à venir.

Quel mépris pour le présent ! Quelle absence de foi dans l'avenir aussi. En Haïti, on aurait plutôt prié la Vierge de nous épargner l'hiver prochain. Ou on aurait exigé des hommes politiques qu'ils fassent un effort dans ce sens : un hiver tous les deux ans, ce n'est quand même pas trop demander. Mais ici, on place sa foi dans une science si incertaine : la météo. Durant tout l'été, on m'a fait des centaines de fois cette remarque : «Ah, t'as pas encore vu la neige ?» Et quand, quelques mois plus tard, la première neige était enfin là (c'est vrai que c'est impressionnant de voir une ville toute blanche), j'étais surtout terrifié par tous ces gens, avides de la moindre lueur de surprise dans mes yeux, rassemblés autour de moi à m'observer en train de regarder la neige. Je crois comprendre qu'ils cherchaient quelque chose de rare : un adulte émerveillé. Voir un enfant s'exciter devant un banc de neige, c'est naturel. Mais c'est bien plus puissant quand il s'agit d'un jeune homme de vingt-trois ans qui n'avait encore jamais vu la neige de sa vie. Et face à ce jeune vierge : une ville blanche. Les Montréalais n'entendaient pas rater une pareille scène.

Des années plus tard, on m'a embauché pour annoncer la température à la télévision. Ce fut un «immense choc culturel» pour le Québec de voir un homme du chaud annoncer le froid. C'était encore acceptable à Montréal (à cause du nombre important d'immigrants qui y vivent), mais l'impact fut inimaginable pour les populations «tricotées si serré» de ces petites villes de province où la neige demeure l'événement annuel depuis l'arrivée au Québec du sieur Jacques Cartier. Il faut comprendre qu'ici l'hiver a modelé la sensibilité des gens. Comme ce fut le cas avec le vaudou en Haïti. Des fois, je me demandais si les Haïtiens auraient accepté de si bonne grâce (très peu de protestations du fait que j'annonce la météo sur une grande chaîne) qu'un Blanc québécois leur explique chaque soir, à la télé nationale et aux heures de grande écoute, les oracles d'Erzulie Dantor, de Zaka ou d'Atibon Legba (les plus fiers dieux du vaudou). Ce sont des choses plutôt intimes qu'on ne partage pas tout de suite avec les étrangers. Bon Dieu ! quand je pense qu'à mon arrivée au Québec on tentait de me faire peur avec le spectre de l'hiver. Je n'en revenais pas d'être celui qui leur annonçait le temps qu'il fait. Et je me souviens du premier télégramme que j'ai envoyé à ma mère en Haïti : «Ici, maman, les gens habitent dans un réfrigérateur stop mais certains stop disons les sans-abri stop vivent dans le congélateur stop.»

L'image était destinée à impressionner ma mère, car les maisons sont bien chauffées ici.

Le premier roman

Quand j'ai publié mon premier livre, qui n'était pas mon premier mais tout simplement le premier que j'ai publié (toujours se méfier du mythe du premier roman), la critique avait signalé que ce roman était l'un des rares parmi ceux venant des écrivains immigrants à porter un regard neuf sur le Québec. «Comment un jeune Haïtien nous voyait-il ?» «Montréal vue pour la première fois par un écrivain noir ?» C'est ainsi qu'on percevait au premier abord ce livre. En réalité, j'étais tout simplement un type qui avait écrit un livre, c'est-à-dire quelque chose surgissant de mon intimité la plus profonde. Mon but n'était pas de faire de la sociologie urbaine. Les gens pensaient que je parlais d'eux («Comment nous voyait-il ?») alors que je ne parlais que de moi. Comme j'étais à leurs yeux un écrivain noir ou un écrivain haïtien, ils ont pensé que mon regard ne pouvait porter que sur l'entourage (les choses et les gens), alors qu'il pointait plutôt vers l'intérieur. Il leur a été presque impossible de croire que mon projet n'était pas d'éclairer les autres, mais de jeter la pleine lumière sur moi. De descendre dans les ténèbres de ma pauvre âme. J'ai l'air ainsi de revenir sur le passé, mais je ne crois pas que cette question soit encore réglée. Dès qu'il arrive un nouvel écrivain immigrant, la critique (à Montréal, à New York, à Rome, à Paris ou à Berlin) se dépêche de lire son roman comme s'il s'agissait d'un manuel de sociologie. C'est qu'on n'accorde à l'étranger qu'une perception extérieure de la vie qui l'entoure. Jamais le noyau dur. Comme s'il ne faisait pas vraiment partie de cette réalité quotidienne. Lui aussi a du mal à s'imaginer faire corps avec les autres. Bien sûr que c'est difficile quand vous avez l'impression que les autres ne veulent pas de vous. Mais, que vous soyez accepté ou pas, la vieille règle sociale ne change pas pour autant : la vie est un acte collectif. Et si vous ne vivez pas dans le pays que vous habitez, ce que vous risquez c'est de tomber, très vite, dans l'univers de la fiction. De devenir en quelque sorte un être fictif. Un personnage de roman. Du roman que vous êtes en train d'écrire.

Le folklore

Bien sûr, la notion de folklore reste assez ambiguë sur certains points mais, honnêtement, le folklore n'est que la culture de l'autre. Surtout s'il est moins riche et moins fort que le vôtre. Une culture universelle est bien souvent une culture qui s'est imposée (avec armes et argent) au reste du monde. Il y a des pays qui exportent et d'autres qui importent. Les seconds dépendent des premiers. Quand on n'a pas la puissance requise pour exporter sa culture, on dit que c'est une culture de consommation locale, donc qu'elle est folklorique. On croit que Paris ou Manhattan (bien que Manhattan ne soit qu'un quartier de New York) est plus important que des pays comme le Sénégal, la Colombie ou le Liban (Haïti ne compte même pas dans cette énumération). Il y a un café à Paris, le *Café de Flore*, qui est plus connu sur la scène internationale que le Bénin. Il y a un magasin, à Manhattan, Tiffany, qui est plus connu que l'Ukraine. La Colombie évoque la dro-gue, tandis que le *Café de Flore* (où Simone de Beauvoir a passé le plus clair de la Seconde Guerre mondiale à écrire son journal tout en buvant peut-être un bon café colombien) représente la quintessence de l'esprit français. Et comme personne ne pourra nier que l'esprit soit plus nécessaire au progrès de l'humanité que les guerres fratricides qu'entretiennent les seigneurs de la drogue du cartel de Medellin, il est donc admis que le *Café de Flore* soit devenu un symbole plus universel que la Colombie.

Noir/Blanc

C'est un thème que le voyage m'a apporté, et qui m'a enrichi d'une certaine manière tout en m'appauvrissant aussi. Sexe + race = politique. Je ne connaissais en Haïti que la pâle variante Noir/Mulâtre. Noir + Mulâtre = fantasmes. Pour un Haïtien, le thème Noir/Mulâtre est complètement miné. Il évoque les démons intérieurs du colonialisme. La charge émotionnelle me semble si forte qu'elle rend le mot *mulâtre* quasiment indéchiffrable et peut-être inutilisable. Alors qu'en Occident le mot *mulâtre* n'a aucune résonance. C'est pourtant la seule chose que l'Europe partage vraiment avec l'Afrique. En arrivant à Montréal, j'ai tout de suite compris qu'il fallait changer le couple Noir/Mulâtre par Noir/Blanc. Noir/Mulâtre est un débat pour consommation locale, tandis que Noir/Blanc, en engageant de manière assez sanglante les deux extrémités du spectre, est devenu une des questions les plus angoissantes de notre temps. J'ai tout de suite fait mon choix. Ce n'est que beaucoup plus tard que j'ai osé aborder le thème de Noir/Mulâtre, dans le roman *La Chair du maître*. C'est vrai que le voyage m'a permis d'élargir mes thèmes, mais toutes ces stratégies et astuces ont fini, à la longue, par bouffer toute mon énergie.

Le colonialisme

Souvent on me demande, surtout en France, pourquoi j'ai choisi Montréal et non Paris. Les gens ont une vision bien naïve des choses de la dictature. Quand on doit quitter un pays comme Haïti, on n'a pas le temps de choisir sa destination. On le fait souvent à la sauvette. Deux jours avant mon départ, je ne savais pas encore que je devais partir d'Haïti pour toujours. On n'est maître de son destin nulle part, mais dans certains pays, comme Haïti sous la dictature, on vous le fait sentir bien plus qu'ailleurs. J'ai dû filer en vitesse après la mort de mon meilleur ami, le journaliste Gasner Raymond, assassiné par les tontons macoutes de Duvalier. Mais le destin, en me jetant sur les rives glacées du Saint-Laurent, a fait un meilleur choix que je n'aurais pu faire. C'est un pays où les gens parlent français (c'est un bon point, mais je dois dire que, dans mon cas, la langue n'est pas le critère définitif qui détermine l'endroit où je dois vivre. Au contraire, je rêve de tout temps de débarquer un jour dans une nouvelle ville sans savoir la langue du pays et ignorant totalement les mœurs locales). Par contre, ce qui m'a attiré, dès le départ, au Québec, c'est le fait que ce soit un pays à la fois si différent et si proche de celui que je venais de quitter. Les gens, ici, sont de tempérament modeste, contrairement à Haïti où la mégalomanie est un sport national. C'est vrai, le Québec est un pays économiquement aisé, mais, croyez-moi, je ne suis pas nostalgique de la misère. Le Québec est un des rares pays du nord à ne pas avoir un passé de colonisateur (bon, il y a le problème des Indiens, mais si vous cherchez la perfection dans ce monde, mon vieux, vous risquez d'être très déçu). Grâce à cette situation exceptionnelle (les Québécois se présentent comme les Nègres blancs d'Amérique) j'ai pu éviter les interminables et ennuyeux débats sur le colonialisme qui constituent le menu ordinaire des écrivains sénégalais en France ou pakistanais en Angleterre. Bon, cela ne veut pas dire que les Haïtiens, par exemple, ne rencontrent pas de problèmes au Québec. Tout d'abord, ce sont des tempéraments si violemment distincts. Faut dire que les Haïtiens sont si mégalomanes qu'ils croient avoir inventé un certain type de problème, connu sous l'appellation contrôlée de «problème haïtien». S'ils n'ont pas inventé la dictature, ils estiment que Duvalier est le plus grand dictateur de tous les temps. Pour eux, les Blancs n'ont jamais de problème, ce sont de grands enfants qui pleurent pour rien (c'est vrai qu'ils ont raison quand on compare la dictature des Duvalier qui a duré près de trente ans avec le fameux mois d'octobre 70 au Québec qui, justement, n'a duré qu'un mois). Pourtant, il y a des obsessions communes : la dictature (Haïti), la langue (Québec, Haïti), l'indépendance (Québec), la démocratie (Haïti), la constitution (Québec en rêve, Haïti n'en veut plus), l'hiver extrême (Québec), la chaleur insupportable (Haïti), etc. Et une flopée de problèmes mineurs, mais pas le colonialisme. Au contraire, le Québec craint toujours de se faire avaler par l'Anglo-saxon. Quelle chance pour un jeune homme de vingt-trois ans qui ne voulait ni crever dans les prisons de Duvalier ni finir dans les marécages des débats interminables à propos de la culpabilité occidentale (rien de plus obscène que les sanglots de l'homme blanc). Sans oublier la mauvaise foi des ex-colonisés. Aujourd'hui encore, je me demande par quel hasard j'ai atterri au

Québec, évitant ainsi cette brûlante question du colonialisme qui a rendu malades des générations entières d'intellectuels du tiers monde. Je n'entends parler de colonialisme que quand je suis invité dans un colloque en Europe. Alors là, on n'y coupe pas, et cela même si le sujet concerne la physique nucléaire. Au fond, c'est tout à fait vrai, la physique nucléaire est un sujet gorgé de questions explosives sur le colonialisme. Et d'abord qu'est-ce que le colonialisme ? Aimé Césaire croit y avoir répondu de façon définitive dans son essai magistral. Tu plaisantes, Aimé, ce sujet renaîtra sans fin de ses cendres. C'est l'or du siècle. Je parierais qu'il traversera allégrement le XXIe siècle. La seule façon de l'éviter, c'est de ne jamais vivre dans un pays qui vous a colonisé. Il n'y a pas de dialogue possible avec un tel sujet au centre. Je ne parle pas, ici, de guerres ancestrales, de haines recuites qui auraient franchi l'épreuve du temps, je parle de la simple conversation quotidienne gangrenée par les rappels historiques des uns et la culpabilité des autres. Le terrain étant complètement miné, la méfiance règne des deux côtés de la barricade. La plus anodine interrogation fait référence directement au colonialisme. Alors qu'est-ce qui reste quand le colonialisme disparaît ? Au Québec, où cette situation n'existe pas, on fait face à un racisme sans histoire. Un racisme disons plus spontané, moins réfléchi. Un racisme qui n'est rattaché à aucun passé colonial. Un tel racisme sans racines fait apparemment moins mal. On a l'impression que les gens ne savent pas trop bien de quoi ils parlent. Et que, nous les Noirs (les professionnels du racisme), on pourrait leur en apprendre un bout sur la question. Cela vous gonfle l'ego et pourrait faire oublier momentanément l'insulte (les Haïtiens pensent que les Québécoises ne sont pas de vraies Blanches puisqu'il leur arrive d'épouser des Noirs). Tandis que le colonialisme me paraît un racisme totalement intériorisé. Un racisme avec un passé. Presque sans espoir de guérison.

L'Amérique

Le problème de l'identité se pose à chaque être humain. Pour celui qui voyage, il peut devenir dramatique. À la question : «Qui suis-je?» je réponds par cette autre question : «Où suis-je?» Et la réponse tombe avec une netteté éblouissante : «Je suis en Amérique.» J'étais plongé jusqu'au cou dans cette réflexion quand j'ai senti une ombre près de moi. Un tout jeune rasta (*dread locks*, colliers, sandales, un portrait de Bob Marley sur son t-shirt) me regarde étrangement.

— Excuse-moi, *man*, je ne voudrais pas te déranger dans ta méditation…

— Non, ça va.

— Je travaille pour un magazine. C'est pas un grand truc, *man*. J'aimerais te poser quelques questions, si ça ne te dérange pas trop. Je t'ai déjà entendu à la télé...

Il s'arrête de parler pour me regarder un long moment en souriant.

– Tu vois, *man*, j'ai rêvé de toi, hier soir. J'arrive ici et je te trouve. Je crois dans ce genre de trucs... Tu me comprends, *man* ?

Il sort son calepin.

– J'aime pas les appareils qui enregistrent, *man*. On ne doit pas mettre en cage la voix humaine. C'est le souffle de l'esprit. Je vais utiliser mon crayon, si tu permets.

Il prend le temps d'aiguiser calmement son crayon. Il ne semble jamais pressé. Et quand il a fini de faire tout ce qu'il avait à faire, bien calmement, il me regarde longuement, sans sourire cette fois.

– Bon, on va y aller, *man*... Je vais te laisser parler, car je veux apprendre quelque chose de toi. C'est ça le but de ma journée aujourd'hui. Les gens ne veulent plus apprendre. Ils ne laissent plus parler les autres. Je t'ai vu à la télé, mais ça va toujours trop vite pour moi, ce machin-là, on n'a pas le temps de bien expliquer ce qu'on veut dire. Alors, on commence ?

– Je suis prêt.

Il sourit. Je n'ai pas l'impression qu'il travaille pour un magazine quelconque, mais je suis disposé à répondre à ses questions. C'est cela le drame : pour me parler, ce type se croit obligé de me raconter une salade. Pour lui, je ne suis pas du genre à perdre mon temps. Parce que, d'après lui, ce temps ne m'appartient plus. Il a été investi dans cette sacrée course vers le succès.

– Te considères-tu comme un écrivain antillais ?

– Écoute, je suis vraiment fatigué de tous ces concepts (métissage, antillanité, créolité, francophonie) qui ne font qu'éloigner l'écrivain de sa fonction première : faire surgir au bout de ses doigts, par la magie de l'écriture, la fleur de l'émotion. Natu-relle-ment, je suis contre tout ce qui s'écrit à propos des Antilles. Je suis contre le terme *Antilles* pour définir cet ensemble d'îles qui se trouvent en face du golfe du Mexique. La référence à la colonisation, dans ce cas, me semble trop pesante. J'ai, depuis quelques années, pris l'habitude de croire que nous sommes en Amérique, je veux dire que nous faisons partie du continent américain. Ce qui me permet de résoudre quelques petits problèmes techniques d'identité. Car, en acceptant d'être du continent américain, je me sens partout chez moi dans cette partie du monde. Ce qui fait que, vivant en Amérique, mais hors d'Haïti, je ne me considère plus comme un immigré ni un exilé. Je suis devenu tout simplement un homme du Nouveau Monde. Ce terme traîne dans son sillage un tel vent de fraîcheur qu'il faudra bien penser à le réactiver. Le Nouveau Monde. Le matin du monde. Les États-Unis, faut-il le rappeler, n'ont pas le monopole du vocable *Amérique*. De plus, je remarque qu'il m'est aussi possible, quand je discute avec les Européens de mon américanité (ce sentiment fiévreux d'appartenance à cet immense continent où je suis tout de même né), d'éviter l'ennuyeux débat sur la colonisation.

– Et le mot *Caraïbes*, il te fait chier aussi ?

– J'ai longtemps préféré le terme *Caraïbes* (qui me fait penser à une sorte de crabe carnivore) à celui d'*Antilles*. Le mot *Antilles* m'incite à la rêverie. Je vois un chapelet d'îles légères et fleuries, toutes pimpantes au milieu d'une mer turquoise. Cela me semble bien loin de la réalité haïtienne. Le mot indien *Caraïbe,* qui désigne cette tribu qui bouffait, avec j'imagine beaucoup d'appétit, de la chair humaine, me semble plus proche du caractère de l'Haïtien d'aujourd'hui. Mais le monde de l'Indien, comme celui de la colonisation, est un monde définitivement mort. Du moins pour moi. *Exit* alors *Caraïbes*. Quant à *Antilles*, trop sucré à mon goût, ça me soulève le cœur.

– Et le métissage ?

– On parle de métissage depuis quelque temps. Ce concept est-il plus ancien que celui de créolité ou est-ce le dernier à la mode ? Je ne suis pas très au fait de ces choses-là. Créolité et métissage, ça fait un peu blanc bonnet et bonnet blanc. J'avoue que je n'ai mené aucune recherche de ce côté. À vue de nez, le métissage semble concerner la planète, si l'on admet qu'à ce jour il ne doit plus rester de race ou de langue pure dans le monde (si cela avait seulement existé). Bon, j'ai l'impression de traverser un champ de mines. Me faire sauter à cause d'un sujet qui ne m'intéresse même pas, ce serait vraiment dommage. Une légère distraction et on tombe dans un autre univers. Comme dans les cauchemars. Juste avant que les types s'amènent en brandissant leurs machettes, je dois confirmer, si on en doutait, que je déteste le ghetto, même conceptuel. La niche intellectuelle. Il me faut admettre tout de même qu'une bonne trouvaille conceptuelle peut attirer les projecteurs sur votre travail. Sans le concept de réalisme merveilleux, établi par l'écrivain cubain Alejo Carpentier, certains lecteurs européens auraient ignoré jusqu'à ce jour les romans de Carpentier, d'Alexis, de Marquez ou d'Amado. Hors du centre, tout écrivain doit se faire précéder d'un label phosphorescent qui permet de l'identifier de loin (surtout la nuit), sinon comment le retrouver dans la masse de livres qui encombrent toutes les bonnes librairies ? Peut-on s'amener tout nu avec son livre sous le bras ? L'image n'est pas juste parce que, dans ce cas, on risque d'attirer plus d'attention sur son corps que sur son livre. Peut-on s'amener simplement avec son livre sous le bras ? Non, parce que dans ce cas vous n'aurez aucune chance. «Vous êtes de quel groupe ?» «Je suis antillais.» «Vous êtes dans la créolité alors ?» «Je fais plutôt dans le métissage.» «Ah bon, je vois, c'est intéressant, on doit pouvoir arranger quelque chose dans ce sens. Nous sommes en train de préparer une petite table ronde avec un Vietnamien, une Guadeloupéenne, quelqu'un de l'océan Indien et un Allemand.» «Un Allemand !»

«Oui, mais il a épousé une Sénégalaise.» Quand j'entends le mot *métissage*, je sors mon pénis.

Le journaliste rasta est maintenant plié en deux.

– Tu me fais rire, *man* ! T'es vraiment *cool* ! Tu devrais écrire pour le théâtre, je te le jure, *man*…

– Pour écrire, c'est un crayon qu'il me faut. Et la liberté la plus totale. Je n'écris surtout pas pour illustrer un concept. J'écris pour me surveiller. J'ai une intériorité aussi. Je ne tiens pas à passer ma vie à m'expliquer. Au contraire de ceux qui croient que l'art doit éclairer ce qui est obscur, je pense plutôt que l'artiste, au risque de se perdre, doit s'enfoncer jusqu'au cœur des ténèbres. De ce fait, je n'écris pas, dois-je le répéter, pour défendre et illustrer la créolité, le métissage ou la francophonie. À mon avis, la moindre parcelle d'émotion humaine me semble supérieure au plus beau concept. C'est pour cela que toutes ces études pointues sur les mythes, les contes, les fables et les légendes qui accompagnent généralement ce genre de mouvement culturel dont le but final est souvent la défense de la race, de la classe ou de la langue, me font bâiller d'ennui. Alors, je ne vois pas pourquoi, dès qu'il s'agit de la Caraïbe, on doit changer de registre et aborder avec autant de respect des thèmes qu'on interdit, par exemple, aux Allemands. On me dira qu'il ne s'agit pas ici d'indigénisme ou de négritude, mais plutôt de métissage, et on me fera remarquer vivement que si la négritude exclut en un certain sens l'autre le métissage, au contraire, absorbe toutes les composantes humaines possibles afin de créer un nouveau cocktail puissant et dynamique. Alors, pourquoi je n'arrive pas à prendre ce train ? D'où vient ce malaise ? ce sentiment étrange que tout cela (indigénisme, négritude, créolité, francophonie, et maintenant métissage), c'est du pareil au même ? On pourra toujours, et avec raison, m'accuser de mauvaise foi.

— Wow, *man*... J'aime ça, *man*, j'aime qu'on démolisse tout. Table rase...

Un moment de silence.

— Mais qu'est-ce qui reste alors ? me demande-t-il comme en se réveillant.

— L'écrivain... un être qui devrait pouvoir aller partout où il veut. On ne devrait jamais s'inquiéter de ses racines, un peu comme celui qui marche oublie naturellement qu'il a des jambes. C'est le cadet de ses soucis, tout en sachant que sans jambes il ne pourrait pas marcher. Tout ce remue-ménage me rappelle un peu trop les ethnologues qui venaient étudier nos manières et nos coutumes, et qui finissaient toujours par savoir beaucoup plus sur nous-mêmes que nous. Faut-il leur rappeler que ce qui est vraiment important ne s'apprend pas ? On l'a ou on ne l'a pas. C'est comme ça. Aujourd'hui, c'est plus grave, puisque c'est nous qui entendons ouvrir le ventre de la poule aux œufs d'or. Disons-le tout net : c'est notre propre ventre que vous voulons ouvrir, oubliant tout sens du secret. Je comprends cela venant d'un chercheur qui entend braquer son projecteur sur tout ce qui bouge (et même sur les objets inanimés), mais pas d'un écrivain qui espère garder les choses dans leur lumière naturelle. Et je peux t'assurer que c'est du travail.

– Quel travail ?

– L'énergie qu'il faut déployer pour arriver à garder les choses et les êtres dans leur lumière naturelle. C'est la seule exigence que je pose.

– Ouais, c'est ce que je voulais t'entendre dire, *man*… T'es un vrai !

Il remet son calepin dans son sac en toile.

– Je ne peux pas savoir si l'article paraîtra, mais je t'ai entendu, *man*, et je peux dire que tout est resté gravé là.

Il touche légèrement son front. Je le regarde, un moment, s'en aller en dansant.

La langue

Avant d'aller à l'école, à Petit-Goâve où j'ai passé mon enfance avec ma grand-mère, j'ai surtout parlé créole. Ma grand-mère est un personnage exceptionnel qui a illuminé mes premières années. Elle m'a nourri d'histoires, de contes et de proverbes créoles. Il n'y a pas eu que cet aspect un peu folklorique. Toute la vie quotidienne se passait en créole. C'est une langue que je parle sans y penser. Et c'est dans cette langue que j'ai découvert qu'il existait un rapport entre les mots et les choses. En créole, il y a des mots que j'aime entendre, des mots que j'aime dire, des mots qui me sont bons dans la bouche. Des mots de plaisir, liés surtout aux fruits, aux variétés de poissons, aux désirs secrets (des mots à ne pas prononcer devant les grandes personnes), aux jeux interdits. Et aussi des mots solaires qu'on peut dire à haute voix, partout, et qui sont sonores, chauds, sensuels sans pourtant faire référence à la sexualité. C'est tout un monde, aussi complexe que le monde des choses, que je découvrais au fur et à mesure. Le mot *mango* évoquait non seulement l'odeur, le goût, la chair, mais aussi le poids de la mangue. En plus, c'est un mot qui me faisait rire. Je le trouvais drôle, je ne sais pas pourquoi. Après ce long, magnifique et libre apprentissage, j'appris avec ahurissement qu'il me fallait aller à l'école. Quelle idée ! Et surtout pourquoi ? Moi qui venais d'apprendre une langue tout seul, sans connaître les mots, sans grammaire, et cela en moins de trois ans. Moi qui étais capable d'emmagasiner des centaines d'images, de mots, de situations dans ma tête, dans mon corps, dans mon cœur. Moi, le jeune demi-dieu de Petit-Goâve, qui régnais sur un monde vaste, complexe, vivant, grouillant, toujours affairé : l'univers des bestioles. Les fourmis, les mouches, les papillons, les libellules disparaissaient à ma vue, sinon je les emprisonnais dans des bouteilles ou des boîtes d'allumettes vides. Il me fallait maintenant aller à l'école. Pour apprendre ce que je savais déjà. Oui, me répondait-on, mais cette fois-ci en français. Et c'est quoi le français ? Un fruit exotique, une variété de poisson ou un mot obscène ? Non, c'est pire, une nouvelle langue. Mais j'en parle déjà une, pourquoi en apprendre une autre ? Personne n'a jamais pu répondre directement à cette question. On me donnait toutes sortes d'explications. Mais j'ai su très vite de quoi il s'agissait. Il me fallait connaître le français si j'espérais être traité comme un être humain, car ceux qui parlaient uniquement le créole étaient perçus comme des sauvages. On me faisait voir qu'en parlant français j'aurais la possibilité de converser avec des gens venant de presque tous les pays du monde. Et si je ne voulais pas leur parler ? On m'expliquait alors que la très grande majorité des livres, et même ceux qui racontent mon univers haïtien, étaient écrits en français, et qu'en fin de compte c'était cela une langue de civilisation. La conclusion semblait simple ; j'avais le choix entre rester un petit sauvage créole ou devenir un être civilisé. Poser un tel fusil contre la tempe d'un enfant de quatre ans ne me semble pas aujourd'hui un acte vraiment civilisé.

La guerre des langues

Quelques années plus tard, je suis allé à Port-au-Prince continuer mes études secondaires. Et là, la bataille faisait rage autour de «la question nationale», comme on disait à l'époque. Des jeunes gens en colère entendaient redonner au créole sa vraie place. Et celui qui parlait français était vu comme un traître, un colonisé, un acculturé, enfin il n'y avait pas de mots assez méprisants pour le nommer. Les valets de l'impérialisme français, les dénaturés, les faux frères, les fourbes. C'est ainsi que presque tous mes copains se sont embarqués joyeusement, comme des marins en goguette, dans l'affaire de la langue. Le mot d'ordre c'était de vivre en haïtien (voilà une expression assez mystérieuse pour ma part). Il ne s'agissait pas seulement de parler créole, il fallait vivre en créole. Comment faire ? Personne ne savait trop. On s'était déjà trop frotté à l'autre, à l'étranger. On avait comme perdu de son authenticité (voilà le maître mot de cette époque un peu survoltée). Mais qui pouvait encore être authentique ? Ah oui, le paysan. L'absence de bonnes routes nationales a fait en sorte que le paysan haïtien est toujours encaserné chez lui, dans l'arrière-pays, depuis deux siècles. Étant difficilement accessible, il est resté «nature», donc authentique. Voilà le raisonnement d'une génération avide d'identité. On se dépêchait alors de manger, de danser, de faire de la musique, de faire la cour, et surtout de parler comme le paysan. Le créole avec cet accent pointu, de mise il n'y a pas si longtemps, était maintenant banni, ostracisé, ridiculisé même dans les salons les plus huppés de Pétionville. Les contes, les fables et les proverbes de ma grand-mère étaient redevenus à la mode. C'est dans cette atmosphère de grande excitation que j'ai quitté Haïti, poussé, je dois dire, par la situation politique, qui, elle, s'était de plus en plus détériorée.

Qui choisir ?

J'arrive à Montréal et je tombe tout de suite dans le débat national : celui de la langue. Je venais, il y a à peine cinq heures, de quitter, en Haïti, un débat sauvage sur la langue, où le français symbolisait le colon, le puissant, le maître à déraciner de notre inconscient collectif, pour me retrouver dans un autre débat tout aussi sauvage où le français représente, cette fois, la victime, l'écrasé, le pauvre colonisé qui demande justice. Et c'est l'Anglais, le maître honni. Le tout-puissant Anglo-Saxon. Qui choisir ? Vers quel camp me diriger ? Mon ancien colonisateur : le Français, ou le colonisateur de mon ancien colonisateur : l'Anglais ? Le Français, ici, fait pitié, mais je sais aussi qu'il fut un maître dur. Finalement, j'opte pour une position mitoyenne. Je choisis l'Américain. Je décidai d'écrire mon premier livre suivant la leçon d'Hemingway. Dans un style direct, sans fioritures, où l'émotion est à peine perceptible à l'œil nu. Et de placer l'histoire dans un contexte nord-américain : une guerre raciale dont le nerf est le sexe. Le sexe et l'argent. Rien de caribéen où l'érotisme est généralement solaire, tropical, et consommable. Ici, le sexe se fait sans sentiment. Le sexe politique. J'avais réglé le cas de la

France d'une manière inusitée : en lui faisant, simplement, affronter un monstre plus fort qu'elle. L'Amérique. Mais quelle Amérique ? Le Nouveau Monde. J'avais découvert par hasard que Haïti était située en Amérique, donc que Petit-Goâve où j'ai passé mon enfance avec ma grand-mère se trouvait aussi en Amérique. Au cœur du Nouveau Monde. Un monde à la fois réel et rêvé.

L'argent

Bien sûr, la langue est très importante et même très active dans les jeux interdits (ou les jeux de pouvoir), mais, que voulez-vous, le sexe c'est le sexe. Et pourquoi ? Eh bien, à cause de l'argent. Je cherchais un moyen de sortir, au début des années 80, du circuit européen (la civilisation, le raffinement, l'élé-gance), et tout ce que j'ai trouvé c'était l'argent. Le sexe et l'argent. Tout ce qui oppose l'Europe, disons la France (c'est la France mon obsession), à l'Amérique se trouve résumé dans ces deux mots : *sexe* et *argent*. L'Amérique semble pudique, mais tout de même fascinée par le sexe, tout en étant si hardie à propos de l'argent. Quant à la France, elle affiche une permissivité extrême face au sexe, tout en se voilant la face devant le mot *argent* (le mot, mais pas la chose, j'entends). Le seul mot obscène au pays du marquis de Sade, c'est le mot *argent*. J'avais décidé à ce moment-là de faire rimer le mot *poésie* (le mot le plus pur de la langue française) avec le mot *argent*.

Ma condition d'homme

Comment tout cela a-t-il commencé ? Eh bien, comme tout jeune immigrant venant d'un pays pauvre, je me suis trouvé totalement seul en arrivant à Montréal. J'ai commencé à faire toutes sortes de petits boulots un peu partout dans la ville (une façon aussi de connaître rapidement une ville), ce qui a eu pour effet de changer totalement ma vision du monde. Imaginez qu'en Haïti je vivais encore chez ma mère et mes tantes, qui s'occupaient de moi comme d'un jeune prince. À vingt-trois ans, je ne gagnais pas beaucoup, je faisais des chroniques culturelles dans les journaux et à la radio qui me rapportaient si peu que je pouvais à peine prendre quelques verres avec les amis au *Continental* (ce bar situé à un jet de pierre du palais National), ou m'acheter quelques bouquins à la librairie La Pléiade. Je n'avais aucune responsabilité ni, non plus, aucun sens de la responsabilité, me contentant de regarder ma mère et mes tantes courir à droite et à gauche pour trouver l'argent du loyer, de la nourriture ou de mes vêtements. J'étais ce qu'on appelle un jeune intellectuel du tiers monde. Plutôt livresque. Le monde matériel n'existait pas pour moi. Et la chance de ma vie a été de venir vivre à Montréal, et non d'aller à Paris qui est la destination normale de tout jeune Antillais qui quitte son pays. C'est qu'à Montréal je reste sur mon continent. L'Amérique du Nord était l'école qu'il me fallait. À Paris, je serais devenu un intellectuel complètement déraciné. Cela ne veut pas dire qu'il n'est pas possible d'être ouvrier en France, loin de là, mais, si j'étais parti à Paris au lieu de Montréal, ma famille se serait ruinée pour payer mes études. C'est qu'à leurs yeux la France est le pays de la culture, tandis que l'Amérique, celui du travail. Montréal a fait de moi, du jour au lendemain, un ouvrier. Je ne tente aucunement ici de faire un éloge de la condition ouvrière. Au contraire, ce fut horrible dans tous les sens du terme, mais je reste convaincu que c'était la médecine qu'il me fallait. À Port-au-Prince, protégé par toutes ces femmes qui m'adoraient, j'avais l'impression de perdre tout contact avec la réalité. Ma condition d'ouvrier à Montréal, pendant huit ans, m'a permis de devenir responsable de ma vie. Et cela a eu une influence déterminante sur ma façon de voir le monde. Et d'écrire. À Port-au-Prince (et je suppose que ce n'aurait pas été différent à Paris), on me demandait volontiers : Sur quoi es-tu en train de travailler (voulant dire écrire) ? À Montréal, la question est plus triviale : « Que fais-tu pour vivre ? » Alors, quand j'ai pris la décision d'écrire un livre, j'ai dû considérer le métier d'écrivain comme ma dernière chance de sortir de l'usine. Et ceux qui sont vite devenus mes dieux (Miller, Bukowski, Baldwin) sont des types de la rue qui ont fait entrer les bruits de la ville dans leur œuvre.

L'ami mort

D'abord la terrible nouvelle : Gasner Raymond est mort. Il est mort un premier juin comme aujourd'hui, à Braches, près de Léogâne, assassiné par les sbires de Papa Doc. C'était en 1976, il y a vingt-quatre ans. Pourquoi j'en parle encore aujourd'hui ? Eh bien, parce que la mort de ce jeune journaliste intrépide a carrément changé ma vie. C'est à cause de sa mort que j'ai quitté définitivement mon pays. Et ce départ constitue l'événement fondamental de mon existence. Gasner et moi avions vingt-trois ans en 1976. Aujourd'hui, cela fait vingt-quatre ans qu'il est mort. Et ce rappel me fait basculer subitement dans l'étrange univers ubuesque de Papa et Baby Doc. Je n'ai jamais oublié cette effroyable journée. Le ciel parfaitement bleu de midi. La chaleur étouffante du mois de juin. J'arrive chez moi quand ma mère m'apprend que Marcus veut me parler de toute urgence et qu'il m'attend à radio Métropole (Marcus était à l'époque rédacteur en chef de la salle des nouvelles à cette station de radio). Je grimpe dans un taxi. Marcus n'y va pas par quatre chemins. «Gasner est mort», me lance-t-il. La nouvelle m'atteint comme une gifle sèche. Je reste debout, pantelant, les jambes flageolantes. Que dire ? Que penser ? Que faire ? Ah oui, le voir, lui Gasner, mon ami

Gasner. Je cours à l'hôpital général. Gasner était allongé dans sa cage de glace, le visage tuméfié et des ecchymoses partout à la tête. Mais la bouche est restée miraculeusement intacte. Cette bouche, à la moue insolente, a dû, au dernier moment, lui jouer un mauvais tour. Gasner avait toujours l'air de se moquer de son vis-à-vis. Un jour que je lui demandais la raison de ce sourire constamment ironique, il me répondit que c'est parce qu'il lisait la peur de mourir chez les autres. Il lui a été donné, ce premier jour de juin, à Braches, près de Léogâne, de regarder la mort en face. Cette nuit-là, j'ai marché dans la ville sans prêter attention au décor et aux gens que je croisais dans les rues mal éclairées de cette capitale de douleur. Je ne comprenais pas ce pays qui pouvait sans sourciller assassiner son meilleur fils. Ce n'est pas facile d'avoir un héros du même âge que soi. Un héros dont je connaissais à fond les qualités et les défauts. On était, la veille encore, au même niveau avant qu'il ne file, sans crier gare, vers les étoiles. Je ne peux pas dire combien de fois, lui et moi, avions rêvé de devenir célèbres, d'accomplir des choses exceptionnelles, d'écrire des livres qui pourraient changer la vie de nos lecteurs et même le destin de ce pays. La vérité c'est que Gasner ne s'arrêtait pas à ce premier plan. Il pouvait penser aussi aux autres. Il était profondément en accord avec les gens du peuple. Moi, j'étais déjà très individualiste. Je n'ai pas changé d'ailleurs. J'ai toujours le sommeil facile et profond. Gasner était plutôt nerveux et son sommeil très agité. Voilà deux amis avec des caractères diamétralement opposés.

La question angoissante que je me suis posée durant toutes ces années est celle-ci : «Accepterais-je de prendre la place de Gasner ?» Certains jours, je pense que oui ; d'autres jours, non. En réalité, j'aime trop la vie pour envisager la mort comme Gasner le faisait. Je rêve qu'on parle de moi (toujours frivole) mais sans que je sois obligé de mourir. La gloire du mort, mais sans la mort. Il paraît que c'est impossible. En tout cas, la mort de Gasner a changé ma vie. Sa mort m'a fait quitter Haïti. Est-ce un bien ou un mal ? La réponse n'a plus d'importance aujourd'hui. Le fait est que je vis hors de mon pays (comme plus d'un million d'Haïtiens) depuis vingt-quatre ans. J'ai quitté Port-au-Prince, un matin de juin 76, pour aller vivre à Montréal où j'ai passé quatorze ans. C'est à Montréal que je suis devenu écrivain, c'est là que j'ai eu mes filles, et c'est encore à Montréal que je suis devenu un ouvrier. Et c'est surtout là que j'ai connu la solitude, la misère, l'usine, l'écriture et la célébrité. Cette célébrité qui nous avait tant fait rêver, Gasner et moi. J'ai quitté Montréal, à cause de son terrible hiver, pendant l'été 90, pour Miami. Et c'est à Miami que je suis devenu un véritable père de famille (mon rôle le plus important et le plus cher à mes yeux). Est-ce pour toutes ces raisons que je suis venu, ce matin, au square Saint-Louis où j'ai conçu ce premier roman, avec l'image obsédante de Gasner dans la tête ? Je pense à son insolence constante, ce réflexe chez lui de toujours vouloir dynamiter tout pouvoir établi, sous quelque visage qu'il se présente. Je pense aussi à tout ce qui m'est arrivé à cause de sa mort. Aujourd'hui, j'ai quarante-sept ans, et j'ai quitté Haïti depuis vingt-quatre ans, ce qui veut dire que j'ai passé plus de temps à l'étranger que dans mon pays. C'est une date dans la vie d'un homme.

Borges

J'aurais pu choisir Bukowski, Baldwin, Montaigne, Tanizaki, Diderot, Horace ou Gombrowicz, des écrivains que je ne cesse de relire. Alors, pourquoi j'ai répondu Borges quand ce journaliste rasta est revenu tout à l'heure me poser sa stupide question («Une dernière, et après je te foutrai la paix, *man.*») à propos d'une île déserte et d'un écrivain, un seul, qu'il faudrait emporter avec soi. Donc, c'est Borges parce que, malgré ses défauts, chaque fois que je me sens un peu triste, je sais ce qu'il me reste à faire : un bain chaud, une demi-bouteille de rhum Barbancourt, et Borges. Je n'ai pas dit un livre de Borges. J'ai dit Borges. Un ton personnel, un sens si particulier de l'humour, ce sourire à fleur de pages et cette façon inimitable de retourner les habitudes, de penser comme un gant. La plupart des écrivains que je lis me mettent dans la position du concurrent (oui, même Baldwin), alors qu'avec Borges je ne peux être qu'un admirateur. J'ai rencontré Borges, à Port-au-

Prince, au début des années 70. À l'époque, je lisais tout ce qui me tombait sous la main (aujourd'hui, je relis plutôt). Un midi, je ramasse un journal dans la rue. Je le parcours tout en continuant ma route. Une interview d'un certain Borges. Qui c'est, ce Borges ? Le journaliste lui posait des questions anodines, et il répondait d'une manière très courtoise sans pour autant faire vieux jeu. Élégance d'un autre temps. Je ne sais pas à quel moment, j'ai commencé à sentir qu'il se passait quelque chose d'étrange, là sous mes yeux. Ce Borges devenait de plus en plus complexe sans changer sa manière vaguement désinvolte, toujours en gardant une certaine distance. En somme, ce type est une manière de dandy qui réalisait, là, sous mes yeux, un mélange nouveau : intelligence et émotion. J'ai relu plus attentivement l'interview pour mieux comprendre le truc. Et c'est là que j'ai fait une autre découverte encore plus sensationnelle : il n'y avait pas de truc. Cet homme entendait s'exprimer le plus simplement du monde, à sa manière. Bien sûr, cela exige un énorme travail sur soi-même. Quelqu'un lui demande, une fois : «Parlez-nous de vous, Jorge Luis Borges.» Et la réponse fuse : «Que voulez-vous que je vous dise de moi, je ne sais rien de moi ? Je ne connais même pas la date de ma mort.» Je donnerais tout ce que je possède pour être capable de faire une telle réponse. À première vue, on a l'impression que c'est une boutade, une réponse drôle pour désarçonner l'in-terviewer et amuser le lecteur. C'est un peu ça, mais c'est aussi la stricte vérité. Et c'est là tout l'art de Borges. Ne jamais dire la vérité que par le mensonge de l'art. Pour lui, l'écrivain doit d'abord être ému s'il entend émouvoir le lecteur. J'avais à peine vingt ans quand j'ai appris toutes ces choses fondamentales en un seul après-midi. L'émotion chez Borges est à la fois simple et complexe. Il s'agit de dire ce que l'on ressent de la manière la plus naïve qui soit. Mais Borges est loin d'être naïf. Les gens s'étonnent souvent qu'un homme intelligent puisse souffrir d'une pareille bêtise (une amourette par exemple). Borges, lui, croit que la souffrance est chose humaine. Comme l'intelligence d'ailleurs. Donc, nous pouvons souffrir sans cesser d'être intelligents. Pour lui aussi l'humour (le sourire de l'esprit) sert surtout à masquer la gravité du propos. C'est pour cela qu'il a si longuement défendu Oscar Wilde contre les philistins (« Wilde est un homme qui, malgré l'habitude du mal et de l'infortune, garde une invulnérable innocence. »). Mais Borges aime rire, contrairement à l'image de penseur profond que sa canne et sa condition d'aveugle pourraient laisser croire. Il rit de tout. Un rire naturel, grave (je ne dirais pas : sa voix est plutôt fluette), simple. Il aime dîner en ville, en compagnie de ses jeunes étudiantes de littérature anglo-saxonne. C'est un séducteur qui semble être toujours le premier séduit. Il adore le riz et le lait, mais préfère les raisins aux mangues, qu'il qualifie de « fruits modernes ». Quand il ne voyage pas (un infatigable voyageur que le triste fait d'être aveugle n'a jamais empêché de parcourir le monde), il rêve dans sa bibliothèque ou arpente les rues de cette ville qu'il adore («Les rues de Buenos Aires sont passées dans ma chair.»). Il n'est pas devenu aveugle tout à coup. Il le dit sans pathos : «La célébrité comme la cécité m'est venue un peu tard.» Il raconte qu'il a perdu les couleurs une à une. Je crois que le jaune lui est resté fidèle jusqu'à la fin. Borges, aveugle, a été nommé directeur de la bibliothèque nationale d'Argentine. Dans un de ses plus émouvants poèmes, il parle de cette ironie du destin qui lui a accordé «en même temps les livres et la nuit». Je l'imagine assis seul dans le vieux fauteuil de la bibliothèque qu'occupait avant lui un autre aveugle, le Français Groussac. Quand il arrive à la bibliothèque, il hésite à déranger le chat s'il le trouve déjà couché sur le bureau. C'est un homme discret et solitaire. Enfant (il est né en 1899), il n'avait que sa sœur Norah pour amie. Les deux enfants jouaient toujours ensemble dans le grand jardin de cette maison traditionnelle de style colonial, rue Serrano, dans le vieux centre de Buenos Aires. Cette habitude du duo lui est resté, ce qui fait que même dans une foule, il ne peut parler qu'à une personne à la fois. Le pluriel n'a jamais compté pour lui. Je le vois souvent comme un homme seul dans sa nuit. En fait, il n'est jamais tout à fait seul puisqu'il vit toujours entouré de la foule bigarrée des personnages romanesques qui peuplent son univers mental (et quand il est devenu complètement aveugle c'est sa mère ou ses jeunes amis, parmi lesquels l'écrivain érudit Alberto Manguel, qui lui faisaient la lecture). Pour lui, pendant longtemps, le paradis n'a été qu'une immense bibliothèque où il pouvait lire jusqu'à en perdre la vue. C'est là qu'il retrouvait ses vrais amis : De Quincey, Dante, Kipling, Chesterton, les traducteurs des *Mille et Une Nuits* (surtout Burton), Lugones, Cervantes, Ruben Dario, Voltaire, Gibbon, Léon Bloy, Virgile («Dites que Virgile est exquis», lance-t-il un jour à son compatriote Hector Bianciotti.), Shakespeare, Verlaine, Withman, Schopenhauer, Quevedo, Coleridge, Wilde, Swedenborg, le docteur Johnson, Edgar Allan Poe, H.-G. Wells, Conrad, Melville, Hugo (et ses adjectifs si lumineux). Ce ne sont pas simplement des écrivains, mais plutôt des lucioles qui illuminent sa nuit. Il aimait beaucoup répéter cette phrase de Keats : «*A thing of beauty is a joy for ever.*» Borges aimait aussi le cinéma, surtout les westerns (à cause de cette saveur quelquefois épique qui lui rappelait *La Chanson de Roland*). Les histoires de couteaux, de bravoure, de voyous l'intéressaient beaucoup. Il a tourné le dos à l'écran quand on a commencé à doubler les voix des acteurs. La voix de Garbo fait partie intrinsèque de Garbo, affirme-t-il. Et si ça continue ainsi, ajoute-t-il, avec le temps, on doublera aussi le visage de Garbo, et on aura Pepita dans le rôle de Garbo… La musique aussi l'intéresse. Comme tout Argentin de son époque, il n'aime que la *milonga*, la musique des bas-fonds de Buenos Aires, et le tango, cette «pensée triste qui se danse». Mais, selon lui, l'amitié est la seule passion sincère des Sud-Américains. Lui-même a eu quelques amis tout le long de sa vie : Carlos Mastronardi, l'ami mystérieux, la belle et riche Silvina Ocampo, et surtout Adolfo Bioy Casares, l'ami de toujours, avec qui il a signé quelques fausses histoires policières. Comment concevait-il l'amitié ? «Mon père avait un ami anglais, une de ces amitiés qui commencent par exclure la confidence pour finir par le borborygme», lance-t-il en substance. Mais Borges se confiait surtout à sa mère, qui a été le personnage central de sa vie. Il s'est marié pourtant deux fois, la dernière avec Maria Kodama, une de ses anciennes étu-diantes. J'ai cherché à tout savoir de Borges, sentant vaguement que sa vie intime (qui affleure rarement dans son œuvre) avait une influence déterminante sur celle-ci. Bon, bien sûr, il y a aussi l'œuvre. J'estime qu'un bon tri est nécessaire, car Borges se répète *ad nauseam*. Moi, je ne m'en lasse pas, mais un lecteur occasionnel pourrait perdre patience. Les mêmes thèmes reviennent inlassablement : les miroirs, les labyrinthes, les épées, le temps, l'identité. Et la même curieuse façon maniaque de les aborder. Et au cœur de tout cela, ce personnage, le plus littéraire du XXe siècle, qu'il a su créer presque de toutes pièces (lui, un pauvre garçon de la lointaine Argentine): l'écrivain Jorge Luis Borges. Borges n'a jamais eu le prix Nobel, mais : «L'éternité me guette», murmure-t-il.

Les femmes de ma vie

La fête – Je me revois, il y a près de quarante ans, j'avais sept ans et je vivais encore à Petit-Goâve, avec ma grand-mère Da, ma mère et mes tantes. C'était le temps béni de l'enfance. J'étais dans la chambre principale (celle avec le grand lit de Da), les deux petits lits où dormaient ma mère et mes quatre tantes, la grande armoire en acajou verni et la minuscule table où se trouvait la statue en porcelaine de la Vierge tenant l'enfant Jésus dans ses bras. Ma mère et mes tantes s'apprêtaient à aller danser au Lambi Club, une piste de danse en plein air, pas loin de la mer. Je ne sais pas pourquoi, je garde en mémoire, quarante ans plus tard, le moindre détail de cet instant qui reste à mes yeux le plus joyeux moment de ma vie. La scène semble pourtant bien simple. Da est à genoux devant la statue de la Vierge, à faire sa prière du soir. Ma mère et mes tantes sont en train de s'habiller tout en mettant au point la stratégie de la soirée. Elles rient, s'échangent les robes (elles ont à peu près la même taille), se chamaillent à savoir à qui appartient un homme : à celle qui le voit la première ou à celle à qui il sourit d'abord. Les parfums. Les tarlatanes virevoltant. Les rires. Je ne comprenais pas trop bien ce qui se passait, mais le bonheur était là, palpable dans cette chambre. Elles ont continué à rire, à se lancer des vêtements à la tête, à chanter, j'imagine longtemps après que je me sois endormi. Cet événement m'a tant marqué que je n'arrive pas à accepter la tristesse chez les femmes.

L'amour – Tante Ninine a passé la semaine à préparer ce repas. Elle a elle-même, ce qui est exceptionnel, choisi la viande et les légumes au marché. Il avait dit qu'il viendrait vendredi soir. Tout était prêt dès le jeudi après-midi. Il ne restait que la lente cuisson des légumes (aubergines, mirlitons, carottes), la viande étant épicée depuis trois jours. Tante Ninine nous a donné de l'argent, à mes cousins et à moi, pour qu'on aille voir ce sanglant western au cinéma Cric Crac. Tante Ninine déteste les westerns, mais le film du Paramount étant une histoire d'amour très sucrée (beurk), et comme elle ne tenait pas à nous avoir dans les jambes quand il viendrait pour le souper, alors elle nous a envoyé admirer le rictus assassin de Franco Nero dans *Django*. De retour du cinéma, je trouvai tante Ninine affalée sur la table. Il n'était pas venu. Je me demande encore aujourd'hui pourquoi un type prend la peine de donner rendez-vous à une femme, chez elle, quand il sait pertinemment qu'il ne viendra pas. Ce genre de cruauté me laisse abasourdi. J'ai vu quel soins tante Ninine a mis dans la préparation de ce repas d'amour. Nourrir quelqu'un dans un pays comme Haïti peut être la plus haute manifestation de l'amour. Je me suis juré depuis de ne jamais agir comme ce goujat. Je me préparais à me coucher quand le téléphone résonna. Tante Ninine s'y précipita. J'entendis une voix fraîche, joyeuse, vivante, totalement réveillée, qui assurait quelqu'un à l'autre bout du fil que ce n'était pas bien grave s'il n'avait pas pu venir. Je suis resté un moment confus avant que le sommeil ne vienne me chatouiller la nuque.

Les oranges – Nous habitions à Port-au-Prince, non loin du cimetière. Ma mère travaillait, à l'époque, aux archives de la mairie. Je n'avais pas le droit de sortir, les jours de classe, pour regarder la rue. J'adorais observer les gens vaquer à leurs occupations. Le spectacle de la vie m'excitait follement. Je passais mes après-midi assis sur le chambranle de la fenêtre à étudier mes leçons tout en guettant l'arrivée de ma mère. Je pouvais la voir longer le cimetière sous ce terrible soleil de trois heures de l'après-midi. Sa valise toute gonflée. Elle m'apportait d'énormes oranges au jus très sucré. Je les dévorais immédiatement et quelques gouttes tombaient sur les pages de mes livres d'algèbre ou d'histoire. Pendant longtemps, j'ai cherché une femme capable de déformer sa valise en m'apportant d'énormes oranges. Je pense toujours à cette scène avec une profonde émotion.

Le voyage – Tante Gilberte a toujours rêvé de voyager. Elle a dépensé une fortune pour se procurer les pièces nécessaires à son voyage. Elle fréquentait beaucoup les agences de voyages (à l'époque j'entendais prononcer le mot *voyage* au moins une centaine de fois par jour) et elle avait constamment rendez-vous aussi avec certains individus qui n'étaient en fait que de minables escrocs dont on lui avait dit qu'ils étaient capables de lui procurer un visa de résidence aux États-Unis. Malgré les multiples échecs essuyés, elle ne s'était jamais découragée. Elle étudiait l'anglais avec un petit livre assez rudimentaire de grammaire et de conversation acheté chez un brocanteur devant la cathédrale. Je peux voir aujourd'hui que tante Gilberte n'avait aucun talent pour les langues étrangères. Finalement, elle a pu décrocher un visa (je me demande encore par quels moyens elle y était parvenue). Un après-midi (une dizaine de jours avant son départ), je l'ai surprise, dans sa chambre, en train de pleurer, la tête sous l'oreiller.

– Qu'est-ce que tu as, tante Gilberte ?

– J'ai peur.

– Peur de quoi ?

– Peur de ce qui pourrait m'arriver là-bas.

– Mais, tante Gilberte, tu as dépensé toutes tes économies pour ce voyage.

– Je sais, mais j'ai peur.

C'est toujours effrayant pour un enfant de voir pleurer un adulte. Je ne comprenais pas sa peur. Je n'en voyais pas la cause. Surtout qu'elle avait tant rêvé de ce voyage. Elle disait qu'elle n'arrivait pas à respirer dans ce pays et qu'elle allait mourir si elle ne partait pas. Tante Gilberte est partie quelques jours plus tard. Je l'ai accompagnée à l'aéroport. Toute la famille était là. Tante Gilberte semblait radieuse, comme si sa peur s'était subitement évaporée. Au moment de franchir la dernière porte, elle se tourna vers moi et, l'espace d'un cillement, j'ai pu voir ses yeux effrayés, pareils à ceux d'un animal traqué. Des années plus tard, je me suis rappelé son courage au moment de quitter définitivement mon pays.

L'argent – C'est tante Raymonde, ma marraine, qui partit, la première, pour Miami. Trois mois plus tard, elle avait commencé à envoyer de l'argent à ma mère. Cet argent a servi à payer le loyer si cher de la maison de Lafleur-Duchêne. Une coquette cabane dont la minuscule galerie était complètement cachée par un massif de lauriers-roses. C'était vital pour ma mère que nous habitions dans un quartier décent. Elle a vraiment insisté pour nous envoyer, ma sœur et moi, dans une bonne école. Tout cela coûtait assez cher. Et c'est tante Raymonde qui trimait dur à Miami pour nous permettre de faire face à ce qu'elle-même appelle «la tempête de la vie». Tante Gilberte, jouissant d'une santé chancelante, ne travaillait plus qu'à temps partiel. Chaque matin, en partant pour l'école, je surprenais ma mère, assise sur la petite galerie, en train de refaire le budget mensuel. C'est que le prix des nourritures de base montait et descendait sans cesse. Il fallait constamment refaire le budget pour pouvoir tenir jusqu'à la fin du mois (je me rappelle que les mois d'été furent les pires). Ma mère faisait des miracles avec le peu d'argent dont elle disposait. Elle ne se plaignait jamais de rien (même de ce mal de dents qui ne lui donnait aucun moment de répit). Je l'entendais gémir doucement durant la nuit. Je revois en ce moment son sourire triste. Dès que l'argent de tante Raymonde arrivait, ma mère exigeait que ma sœur et moi lui fassions dès le lendemain une lettre de remerciement. Il faut dire que tante Raymonde ne manquait jamais, à chaque courrier, de rappeler à ma mère les souffrances qu'elle endurait à Miami afin de nous envoyer ce chèque. Ma mère m'a appris à toujours remercier pour un bienfait reçu. Trente ans plus tard, tante Raymonde m'a montré le volumineux courrier bien ficelé qu'elle a reçu de moi durant toutes ces années de misère à Port-au-Prince. Ma mère veillait à ce qu'on n'écrivît jamais la même chose d'une lettre à l'autre. Mon premier livre aurait dû s'appeler : *Comment dire merci sans se fatiguer*.

Les deux Suzanne – Si j'ai pu échapper aux tortionnaires de Duvalier qui venaient de faire la peau à mon meilleur ami Gasner Raymond, c'est grâce à deux femmes du nom de Suzanne. L'une est de Montréal, et l'autre de Vancouver. L'une, Suzanne Bélisle, m'a envoyé le billet d'avion et la lettre d'invitation qui m'ont permis de quitter cette dictature tropicale en folie. L'autre, Suzanne Vallée, m'a permis de rester à Montréal en faisant à ma place toutes les démarches nécessaires auprès du ministère de l'Immigration et en prenant à son compte toutes les dépenses que cela a pu occasionner. Tout cela par simple générosité. Un après-midi, Suzanne Vallée m'a appelé d'un hôpital de Toronto, pour s'excuser de mourir d'une saloperie de cancer. Personne ne m'a jamais annoncé sa propre mort avec une telle élégance.

Les dames du soir – J'avais passé toute la journée à chercher un appartement. Finalement, j'ai sonné à cet immeuble de la rue Saint-Hubert, juste en face du Terminus Voyageur. Deux femmes d'à peu près soixante-quinze ans m'ont ouvert pour m'inviter tout de suite à les suivre dans un petit salon encombré de bibelots et de daguerréotypes anciens. Des visages d'un autre siècle. Les deux sœurs se sont assises calmement en face de moi. Elles m'ont offert une sorte de liqueur verte dans un minuscule verre étrangement lourd. Le goût de cette mixture, tout compte fait, n'était pas si mauvais. Elles n'arrêtaient pas de me sourire. Un sourire bienveillant. J'étais habitué à des accueils plus expéditifs. La plus âgée des sœurs souffrait visiblement de la maladie de Parkinson. Son héros, à ce qu'elle m'a appris ce soir-là, n'était nul autre que Abraham Lincoln, celui-là même qui avait libéré les esclaves aux États-Unis. Nous avions conversé un moment et elle semblait incollable sur cette période de l'histoire américaine. Naturellement, j'ai eu l'appartement. Et durant tout le temps que j'ai vécu près d'elles, elles ont pris soin de moi comme si j'avais été leur propre fils. Souvent, j'arrivais exténué à la maison pour trouver un bon repas chaud qui m'attendait dans ma chambre. Quand l'aînée est morte, l'autre sœur a vendu l'immeuble pour aller vivre seule dans un petit meublé un peu plus bas, sur la même rue.

L'amie – Quelqu'un m'a invité à une petite soirée chez une de ses amies. J'y suis allé un peu à reculons.

Il faisait froid cette nuit-là, et c'était mon premier hiver à Montréal. Je suis arrivé assez tard. J'avais très faim. Il ne restait plus rien à manger. Une jeune femme s'est dévouée pour me préparer quelque chose. C'était délicieux. Pour la remercier, je l'ai prise dans mes bras pour la soulever de terre. C'est ainsi qu'a commencé mon amitié avec Mireille Barberousse. Et depuis lors on ne s'est plus jamais quittés. On ne se voit plus aussi souvent qu'auparavant. Il m'arrive de venir à Montréal sans même l'appeler au téléphone. De toute façon, elle est la dernière personne que j'appelle parce qu'elle est la seule personne qui ne me fait pas de reproche à ce sujet. C'est peut-être cela la véritable amitié : on n'a jamais à s'expliquer.

La rencontre – Je suis arrivé à Montréal pendant l'été 76, et je suis retourné à Port-au-Prince en 79. Une sorte de dernier tour de piste avant l'envol définitif. J'ai passé six mois à Port-au-Prince durant ce séjour. J'avais repris mon poste de chroniqueur à l'hebdomadaire *Le Petit Samedi Soir*. L'équipe avait l'habitude de se retrouver chez un des journalistes, qui habitait près des Archives nationales. On était dans le salon à discuter des événements du jour quand quelqu'un se tourna vers moi pour me demander, comme ça, sans préavis, ce qu'était d'après moi l'amour. Sans hésiter, je désignai la jeune femme à ma droite à qui je venais d'être présenté. Elle s'appelle Maggie. Alors, j'ai simplement dit : « Maggie c'est l'amour. » Quelque temps plus tard, elle est partie à New York. Je l'ai rejointe là-bas. Notre fille aînée est née à Manhattan. Ensuite, elle est venue vivre avec moi à Montréal, où nous avons eu deux autres filles. Aujourd'hui, nous vivons à Miami. Cela fait exactement vingt ans que nous nous sommes rencontrés. C'est mon témoin capital. Si j'aime la lumière, elle préfère l'ombre. Elle déteste aussi être photographiée.

Mes filles – J'ai trois filles, comme le roi Lear. Elles se ressemblent et sont en même temps si différentes l'une de l'autre. L'aînée est la plus nord-américaine des trois : elle aime bien ce qui brille, les voyages et son indépendance. Elle est à l'université, à dix heures de voiture de la maison familiale. Je n'ai pourtant pas l'impression qu'elle a complètement coupé le cordon ombilical. Certains appels téléphoniques nocturnes m'ont mis la puce à l'oreille à ce sujet. La benjamine m'a demandé l'autre jour, avec un certain étonnement : «Si elle s'ennuie à ce point de nous, alors pourquoi a-t-elle quitté la maison ?» C'est une jeune femme qui n'arrive pas encore à se fixer (elle a une peur bleue de devenir adulte). On doit savoir aussi que c'est dans la culture américaine que les jeunes gens arrivés à maturité mettent un nombre respectable de kilomètres entre eux et leurs parents. La cadette est pleine de surprises, de fantaisies et de rêves. Elle vit encore dans un monde enchanté. Ce qui la bouleverse le plus au monde c'est l'injustice. Elle déteste la routine, le conservatisme, l'ordre des choses. La benjamine est la plus terre à terre, et aussi la plus haïtienne des trois. À dix ans déjà, elle comprend tout de la vie. Ses yeux vifs me font souvent penser à ma grand-mère, Da. J'ai toujours rêvé d'avoir des filles parce que je ne comprends rien à l'univers des garçons.

Da – Une fois, j'ai demandé à Da, ma grand-mère, ce qu'était la mort. Elle a réfléchi un long moment avant de murmurer comme pour elle-même : «Attends, Vieux Os, tu verras.» Un samedi après-midi, j'ai reçu le coup de fil fatal. Da venait de mourir. Le choc de ma vie. Finalement, après une longue promenade, j'ai décidé froidement que Da n'était pas morte, qu'elle ne pouvait pas être morte. Je l'ai fait revivre dans ma tête, dans mon cœur et dans mon esprit. Alors je n'ai pas pleuré. On ne pleure pas quelqu'un qui est toujours vivant. Elle n'arrête pas de me sourire. Et chaque fois que je sens l'odeur d'un bon café, où que je sois dans le monde, je pense à Da.

Le voyage et le retour

J'habite dans trois villes en ce moment. Trois villes du continent américain : Port-au-Prince, Montréal, Miami.

Port-au-Prince occupe mon cœur. Montréal, ma

tête. Miami, mon corps. Il y a des gens qui, quand ils changent de ville, effacent de leur mémoire la ville précédente. Moi, je ne quitte jamais une ville où j'ai vécu. Au moment où je mets les pieds dans une ville, je l'habite. Quand je pars, elle m'habite.

Un costume : le rapport que j'ai avec une ville est le même que j'ai avec mes vêtements. Il ne faut pas que les manches soient trop courtes ni le collet trop serré. Je ne dois pas avoir l'impression de porter un fardeau. C'est pour cela que je préfère les villes américaines (étant relativement moches, elles ne vous donnent pas l'impression d'être constamment un touriste) aux villes européennes. On voit d'abord Paris avant de voir l'individu qui vit à Paris. Alors que des villes comme Montréal, Port-au-Prince ou Miami sont si récentes (d'un point de vue européen) qu'on a l'impression d'être soi-même en train de les créer au moment où on les parcourt.

Le sec et le mouillé – Quand j'étais petit, je rêvais souvent, et ce n'était pas un cauchemar, que la planète entière était asphaltée. Plus un arbre nulle part. À l'époque, je détestais les arbres. Quand on allait voir les arbres, comme disait ma mère, je savais qu'il y aurait des bestioles, de la boue, de l'humidité et des feuilles gluantes. Tout un monde douteux. Alors que je n'aimais que le sec. Le sec c'est la ville. Le mouillé, la campagne. Pour faire une ville, il faut couper les arbres et les remplacer par des maisons. Je souhaitais vivement que les voitures rutilantes prennent vite la place des stupides vaches.

Les voisins – J'aime tout d'abord que les maisons soient collées les unes aux autres, et que les voisins deviennent vite des parents qui peuvent disparaître de votre vie du jour au lendemain. J'aimais bien, le soir, faire semblant de dormir pour écouter ma mère et mes tantes raconter des histoires à propos des voisins. J'imaginais qu'au même moment ils faisaient la même chose à quelques mètres de nous. Ces histoires de la vie quotidienne ont nourri mon imaginaire d'enfant. Et je les ai toujours préférées aux contes folkloriques, qui se passaient la majeure partie du temps à la campagne. Aussi loin que je remonte dans le temps, la vie privée de mes voisins m'a toujours diablement intéressé. Je préfère les hommes aux dieux. La campagne est encore un lieu fourmillant de mythes, de rites et de magie. La ville, c'est le territoire des hommes.

Les inconnus – Vous ouvrez la porte et vous tombez sur un inconnu. Et ce type peut venir de n'importe où. Il peut être blanc, noir, jaune. Il peut parler anglais, allemand, japonais, coréen, chinois, arabe ou suédois. Et on n'est pas obligé de le saluer. On le frôle. On se dit que ce type ne sait encore rien de cette ville (voilà une chose que nous pouvons détecter facilement car avons tous été, une fois, celui qui venait d'arriver) et on peut le savoir à sa façon de déambuler dans la ville, à sa manière (à la fois conquérante et admirative) de regarder les gens. Et on sait que ça ne lui prendra pas moins de sept ans pour s'identifier totalement à cette ville. Mais quelque part, on aimerait être à sa place, avoir devant soi une ville neuve à parcourir, à étudier, à observer, à lire.

La grande aventure – On cherche sans cesse des sensations fortes. On rêve du temps où il était encore possible de découvrir des îles vierges, un monde nouveau. Aujourd'hui, cela n'est donné qu'à ceux des pays pauvres (*boat people*), à ceux qui doivent faire face à la pire des humiliations, pire même que le mépris : l'indifférence. L'indifférence peut déboucher dans certains cas (pour moi par exemple qui suis un observateur de la vie quotidienne) sur la liberté la plus totale. Personne ne vous regarde. On est seul. On est libre. On peut observer les gens sans qu'ils se doutent de rien. Le voyageur impassible. Mais la grande aventure, la dernière, c'est de tomber dans la pire situation d'infériorité (Gombrowicz à Buenos Aires par exemple) et qu'il ne vous reste plus qu'à vous réinventer. En arrivant à Montréal, en 1976, j'ai dû plonger dans une ville nouvelle, dans une langue nouvelle (du moins un accent nouveau), dans une race nouvelle, dans des codes nouveaux, dans un nouveau climat. La page blanche, quoi !

Le bar – C'est définitivement l'invention la plus propre à la ville. On va quelque part. On s'assoit. Quelqu'un vient vous servir : on commande un verre de vin rouge, et on attend. Quelqu'un vous aborde. On cause un moment. Ce type est ennuyeux comme la pluie. On décide de changer de disque. On repère une jeune fille au loin. On se parle des yeux. Le vin arrive enfin. On le boit très lentement. Quand il fait moins trente degrés dehors, on a l'impression d'être au paradis ici. Le vin est à la ville ce que le sang de bœuf est à la campagne. C'est ici dans ce bar que tout peut arriver et que, généralement, rien n'arrive. Sauf dans la tête de ce type qui griffonne quelque chose dans un carnet près du calorifère.

Le premier voyage – Je suis né à Port-au-Prince, dans la grande chaudière, comme on dit. Très tôt, ma mère a eu l'idée de m'expédier à ma grand-mère, à Petit-Goâve. Ce qui fait que j'ai passé mon enfance dans cette ville de province coincée entre la montagne et la mer. Mon éducation a été curieusement faite, puisque ma grand-mère Da avait coutume de dire que l'enfant est le professeur et l'adulte, l'élève (tiens, comme Borges et son père). J'ai passé mon enfance presque nu à escalader les collines à la poursuite des jeunes cabris et à jouer à la marelle sur les tombes du petit cimetière des enfants (à Petit-Goâve, les adultes ne sont pas enterrés au même endroit que les enfants). Je vivais agréablement en dehors de la loi, puisque l'amour peut toujours remplacer avantageusement la loi. À douze ans, j'ai fait mon premier voyage (disons le deuxième puisque j'avais dû quitter précipitamment Port-au-Prince pour Petit-Goâve vers l'âge de quatre ans) pour aller retrouver ma mère à Port-au-Prince. Mon éducation, je l'ai su beaucoup plus tard, était déjà terminée. Je n'avais plus rien d'autre à apprendre. Je savais déjà l'essentiel du métier d'écrivain (on est écrivain dès l'enfance) que j'exercerai plus tard : observer. J'ai appris à observer, les gens comme les animaux, durant les interminables après-midi pluvieuses que je passais avec ma grand-mère sur la galerie de notre maison à Petit-Goâve. Je passais mon précieux temps à regarder vivre les fourmis et à essayer de comprendre leurs codes de vie. De temps en temps, je relevais la tête pour regarder le mouvement des gens dans la rue. Ils semblaient toujours pressés de courir à leurs occupations. Quand il pleuvait et que ceux-ci étaient obligés de s'abriter, en face, sur la galerie de la maison de Mozart, je savais qu'ils n'avaient rien à craindre tant qu'ils se tenaient au-delà de la dix-huitième rangée de briques. La pluie n'avait jamais traversé cette frontière. Mais c'est un savoir que je ne pouvais communiquer à personne. J'ai dû attendre plus de vingt-cinq ans pour raconter dans mes livres cet apprentissage secret.

Le deuxième voyage – J'arrive à Port-au-Prince. L'étranger dans sa ville natale, comme dit Limonov. D'abord, la panique. Les voitures, les foules en sueur, le bruit incessant, cette ville qui ne semble jamais prendre un moment de repos. Mais je n'ai jamais oublié que c'est aussi la ville de mes premiers émois sexuels. Ces jeunes filles qui habitaient juste en face de chez moi. Ces terribles tigresses de la jungle urbaine qui dévoraient tout sur leur passage allaient tranquillement m'initier à cet art difficile de la chasse. La chasse à la jeune fille est un art de haut vol. La ville sentait l'essence (résister au désir, je l'ai vite appris à mes dépens, c'est tenter d'éteindre le feu avec de l'essence). La nuit port-au-princienne sent le ilang-ilang.

La politique – Tout le monde se connaissait à Petit-Goâve. Si quelqu'un commettait un abus de pouvoir (on est au début de Papa Doc), il était banni de la société. Alors qu'à Port-au-Prince, à l'époque, c'était la norme. En venant rejoindre ma mère à Port-au-Prince, je découvrais tout en même temps : la violence, la dictature, le sexe, l'inégalité sociale, la compétition, la foule. Tout, vraiment tout. Duvalier régnait sur cette ville anarchique. Duvalier lui-même a contribué à créer cette anarchie en organisant de grandioses manifestations populaires à Port-au-Prince auxquelles il exigeait la participation du pays tout entier. Les villes de province se sont vidées, d'un coup, au profit de l'insatiable Port-au-Prince.

La peur -- Ce sentiment a dominé mon adolescence. Le danger était partout à Port-au-Prince. Les requins passaient tranquillement au large ou circulaient dans la ville dans des jeeps DKW. Ils nous épiaient derrière leurs lunettes noires. Un monde de ténèbres. Malgré tout, j'étais comme un poisson dans l'eau. Je savais comment éviter ces grands squales. Souvent il m'arrivait de sentir comme un liquide glacé courir le long de ma colonne vertébrale : la peur. La première fois, c'était à l'aube. Je devais rencontrer les copains dans la cour du collège Saint-Pierre pour préparer un match de volley-ball. Brusquement, je sentis qu'il se passait quelque chose derrière moi. Je me retournai à temps pour voir une voiture, tous feux éteints, foncer sur moi. Je l'esquivai et je continuai de marcher en pensant qu'un chauffard avait peut-être perdu le contrôle de sa voiture. Je poursuivis mon chemin vers le collège. Le sentiment d'être suivi. Je me retournai à temps pour constater qu'en effet la voiture noire roulait doucement, sur le trottoir, derrière moi. Le chauffeur pointait déjà sur moi un long 38. Je courus vers les jardins du collège et me cachai derrière un massif de lauriers. Je restai là, un bon moment, le cœur battant. Je le regardai passer près du terrain de volley-ball. Que me voulait-il ? Bien sûr me tuer, mais pourquoi ? Ce type ne me connaissait pas, je ne le connaissais pas. Je ne comprenais plus rien. Quel étrange pays !

Le départ – Je me souviendrai toujours de cette dernière soirée à Port-au-Prince. Je marchais dans la ville avec le sentiment que quelque chose d'irréparable se passait. Je ne pouvais en parler à personne. Je devais quitter le pays sans rien dire à mes plus proches amis. J'avais l'impression de trahir tout ce qui faisait jusqu'à cette nuit l'essentiel de mon existence. Et je n'avais que vingt-trois ans. C'est un âge où l'on a tendance aussi à tout prendre au tragique. Mais étrangement, cette nuit-là j'ai ressenti en même temps un sentiment d'invulnérabilité que je n'ai jamais éprouvé depuis. La proximité de la mort, peut-être. Je me sentais comme invisible, inatteignable. Je logeais dans l'œil du cyclone.

Le troisième voyage – Je connaissais déjà les grandes villes occidentales par la littérature et le cinéma, mes deux passions du moment. Paris (La Nouvelle Vague), Berlin (Fassbinder), Rome (Fellini), New York (Woody Allen) n'avaient aucun secret pour moi. Je dévorais les revues où l'on détaillait la vie quotidienne dans ces villes magiques. Je collectionnais les cartes postales et les timbres. Je découpais des magazines, des photos de squares, de gares, de marchés, de rues. J'étais obsédé par les images éblouissantes de la vie quotidienne qui semblaient être la production courante de ces villes magnifiques. Je dois dire qu'en arrivant à Montréal j'ai été à la fois déçu et heureux. Naturellement, les stars ou les villes sont plus jolies dans les magazines, mais j'ai été aussi agréablement surpris de tomber sur une ville plus simple que je ne l'imaginais (si une ville peut l'être avec ses réseaux complexes), accueillante, et surtout à ma mesure. Ce n'était pas Paris ni New York ; grâce à Dieu, c'était Montréal.

Seul dans la ville – Voilà donc, cette année 1976, quand commence l'expérience la plus importante de ma vie. Plus importante que mon face-à-face avec la dictature. La survie dans une ville nouvelle, sans ma mère ni mes tantes. J'ai déménagé au moins douze fois, la première année. La meilleure façon pour connaître une ville, je crois. J'ai travaillé dans des usines, j'ai vécu chez des amis ou dans des chambres crasseuses où j'ai connu dans un éblouissant désordre la faim, la femme et la solitude pendant cette épuisante première année. J'ai raconté ce début difficile dans un petit livre (*Chronique de la dérive douce*) parce que tout ce qui m'arrive se transforme, un jour ou l'autre, en littérature. C'est ce qui m'a permis de survivre. Je n'étais pas pauvre, j'expérimentais la pauvreté. Je n'étais pas seul, j'étudiais la solitude. Montréal représentait à mes yeux la liberté absolue. Aucun témoin. Pour la première fois, ma vie se trouvait entre mes mains.

La machine à écrire – Je me souviens exactement de ce jour où, sans même savoir taper à la machine, j'ai acheté une vieille Remington 22 chez le bro-canteur. Je suis rentré chez moi dans cette étroite chambre près du square Saint-Louis. J'ai glissé une feuille blanche dans le tambour et, sans raison particulière, j'ai commencé à décrire mon appartement et mon nouveau genre de vie dans cette nouvelle ville. J'écrivais au présent et à la première personne. À mon grand étonnement, je ne parlais ni d'Haïti ni de la dictature, mais de ma vie personnelle, quotidienne, ordinaire. Un individu venait de naître.

Le sexe – Deux choses m'ont impressionné en arrivant à Montréal : la liberté sexuelle et le nombre incroyable d'églises qu'on y trouve. Cela résumait assez bien ma situation à l'époque : un garçon vertueux tenaillé par une incommensurable faim sexuelle. J'ai raconté dans mon premier livre (*Comment faire l'amour avec un Nègre sans se fatiguer*) ma découverte de cette ville et de la femme blanche. Pourquoi blanche ? Je n'en avais pas connu en Haïti. Simplement l'attrait de la nouveauté. La femme blanche est née de la chair du maître. J'avais faim d'elle.

Le quatrième voyage – Je suis à Miami. C'est ici que j'écris. Ma famille y vit. Je n'ai jamais écrit sur Miami, ce qui veut dire qu'elle ne m'habite pas encore. Il me faut des années pour digérer une ville.

Le retour – Petit-Goâve ne compte pas dans cette énumération, puisque je ne peux pas prendre de recul avec ce qui m'a façonné. L'enfance. Un petit garçon assis avec sa grand-mère sur une galerie tout en rêvant à de longs voyages dans des pays lointains… Un jour, le retour…

La lectrice

La dernière fois que je l'ai remarquée, elle était près du jet d'eau, tout au milieu du parc. À mon arrivée, je l'avais tout de suite repérée sur le banc d'en face. Une femme d'une cinquantaine d'années au visage assez ingrat. Le genre de personne à passer inaperçue partout. Pourtant, si on la regarde plus attentivement, on risque de découvrir chez elle une sorte de tristesse délicate assez séduisante. On détecte tout de suite chez elle un tempérament fort. Malgré son air timide, elle est prête à aller jusqu'au bout de ses passions. Cela fait un moment qu'elle rôdait autour de moi. Ne se tenant jamais trop loin. Je la suivais du coin de l'œil. Parfois, nos yeux se croisaient et je sentais chez elle une chaude affection. J'ai cette impression de plus en plus forte de la connaître sans vraiment savoir où je l'ai rencontrée.

– Excusez-moi, madame, dis-je en lui faisant signe de s'approcher un peu, j'ai l'impression de vous connaître.

Elle me sourit timidement.

– Non, je ne pense pas…

– Pourtant, votre visage m'est familier.

– Je ne sais pas… Peut-être…

Elle me fait un sourire timide.

– Vous vouliez me parler ?

Son visage s'éclaire immédiatement.

– C'est que j'ai lu tous vos livres.

Je me méfie toujours des gens qui me racontent qu'ils ont lu tous mes livres. Généralement, cela vient de quelqu'un qui n'a lu que trois, quatre ou tout au plus six de mes livres. J'ai très rarement rencontré une personne à avoir lu tous ces bouquins, à part mon éditeur et moi. Même moi, je ne crois pas les avoir tous lus. Par contre, je n'ai pas pu y couper, il a fallu les écrire tous.

– Je sens que vous ne me croyez pas, mais j'ai lu tous les dix livres. J'en aurais lu d'autres, mais si j'ai bien compris vous n'allez plus écrire.

– Je sais que c'est un peu étrange de ma part de vous le demander comme ça : Cela vous fait-il quelque chose que je n'écrive plus ?

– Non, rien.

– Ah bon… Pourquoi ?

– Parce que je ne peux regretter un livre qui n'a pas été écrit. De toute façon, personne ne peut savoir comment une telle histoire finira.

– Que voulez-vous dire par là ?

– Le livre n'appartient pas uniquement à l'auteur. Il est aussi au lecteur.

– Bien sûr.

– Je ne voudrais pas trop vous déranger…

– Au contraire…

– Voilà, je voudrais vous raconter mon rapport avec vos livres, si ça ne vous dérange pas trop.

– C'est uniquement pour cette raison que j'écris. J'aime rencontrer les gens. Si je veux prendre une distance maintenant avec l'écriture, c'est pour une raison bien simple ; après un certain nombre de livres, les gens vous prennent pour ce que vous ne voudriez jamais être : un professionnel. On ne vous parle plus, on vous écoute. Et ça, c'est la pire des choses qui puissent arriver à un être humain, quel qu'il soit.

– Je vous ai découvert avec *L'odeur du café*. Comme je n'ai pas beaucoup d'argent, je ne voyage pas souvent. Ce livre m'a permis d'aller très loin. Depuis, je connais votre grand-mère, votre chien, les canards de Naréus, le notaire Loné, tous ces gens d'une petite ville d'Haïti que je ne visiterai peut-être jamais. La plupart sont morts depuis longtemps, mais je les connais tous. Leur vie m'importe plus que celle des gens que je côtoie chaque jour. Des fois, je marche sous la pluie et je me dis que j'aimerais être comme le notaire Loné qui peut marcher sous la pluie sans se mouiller. Cette idée ne reste pas trop longtemps dans mon esprit parce que j'adore exposer mon visage nu à la pluie… Je parle trop…

– Non, non, continuez.

– On ne peut pas écrire un livre pour faire plaisir à quelqu'un en particulier. Vous avez dit à une dame tout à l'heure que vous auriez aimé connaître votre lecteur avant d'écrire le livre… Ce n'est pas possible puisque vous ne pouvez faire que la moitié du livre ; c'est au lecteur anonyme de faire l'autre moitié. On vous sent dans votre petite chambre, monsieur, en train de raturer, de recommencer, de faire des crises, de réfléchir ou de sourire, on sent tout cela, mais cela n'explique pas pourquoi ce livre m'a bouleversée totalement. Comme vous ne pouvez décider, tout seul, d'écrire un livre ou de ne pas l'écrire. Cela vient d'une zone plus profonde et plus étrange que la volonté. Oh, je ne voudrais pas vous vexer…

– Vous ne me vexez nullement. Je suis plutôt heureux de savoir que je ne suis pas seul dans cette histoire.

– Oh non, vous n'êtes pas seul, mais vous ne verrez jamais l'autre.

– Il m'est arrivé quand même de rencontrer par hasard des lecteurs dans la rue, comme vous d'ailleurs…

Elle sourit tristement.

– Je sais, mais je parlais d'autre chose. Je vous fatigue… De toute façon, j'ai des commissions à faire. Ah bon, j'allais oublier, il y a une chose pour laquelle je voudrais surtout vous remercier… Dans votre premier livre, votre narrateur est toujours en train de boire du «mauvais vin». Ce simple mot m'a sauvée de la honte. J'adore le vin, et avant, quand j'avais de l'argent, j'achetais toujours «une bouteille de très bon vin». C'est ainsi que je disais. Plus tard, quand j'ai senti vraiment que je n'avais plus la possibilité de me payer «une bouteille de très bon vin», j'ai pensé sérieusement à me tuer. Vous devez vous dire qu'on doit être bien frivole de vouloir se tuer pour si peu, mais c'était ce qui donnait du style à ma vie. Le vin rouge. Le sang de la vie. J'étais vraiment désespérée jusqu'à ce que je tombe sur votre livre où le narrateur me semblait doublement plus élégant que moi à boire du «mauvais vin». Ce n'était pas le vin qui comptait, c'était lui, le maître du jeu. Le jeu de la vie. Il m'a fait comprendre que l'élégance est en nous et qu'il n'y a que cela qui compte. Pour certains, c'est peut-être rien, mais pour moi, c'est tout… Bon, il faut que je file.

– Moi aussi, je vais partir.

Je suis quand même resté assez longtemps pour voir tomber la nuit une dernière fois sur le parc. C'est une nouvelle faune qui occupe l'espace. De très jeunes filles, fortement maquillées, avec des jupes extracourtes. On dirait qu'elles sont juchées sur des échasses. Des *dealers* de coke. Des voitures faisant le tour du parc de plus en plus lentement. Le visage affamé des hommes d'un certain âge. La danse des fesses étroites et fermes des filles qui évitent de regarder en direction des clients. Seul le corps parle. On salive (le désir comme un chien enragé tenu en laisse). De temps en temps, une voiture de police ralentit : le long regard panoramique du policier. Ceux du parc ne se donnent même pas la peine de faire semblant de se cacher. Je suis resté un moment (quinze ans) à écrire mes livres. Et maintenant, me revoilà. Rien n'a changé. Je vais me lever dans moins de quinze minutes, mais j'aimerais, si possible, qu'à partir de ce moment l'on cesse de me considérer comme un écrivain en activité. Je me sens vraiment très fatigué.

Œuvre
Une autobiographie américaine
(tiré du livre *J'écris comme je vis*, entretien avec
Bernard Magnier)

Bernard Magnier : Cette longue autobiographie en
dix volumes, si on la passait en revue livre par livre,
non pas dans l'ordre de publication, mais dans
l'ordre narratif.

Dany Laferrière : C'est un seul livre qui commence par cette simple phrase : «J'ai passé mon
enfance à Petit-Goâve, à quelques kilomètres de
Port-au-Prince» pour se terminer par : « – Le pays
réel, monsieur, je n'ai pas besoin de le rêver. » Entre
ces deux phrases, il y a près de trois mille pages dac-
tylographiées avec un seul doigt.

B. : Donc, cela commence par *L'Odeur du café*…

D. : L'histoire de ce petit garçon, Vieux Os, qui
vit avec sa grand-mère dans une petite ville de province d'Haïti. Ces deux-là, Vieux Os et Da, sa
grand-mère, partagent une réelle complicité. Da
passe son temps à boire du café sur la galerie, assise

sur sa vieille dodine. Vieux Os, couché à ses pieds à observer les fourmis rouges ou noires qui vaquent à leurs occupations dans les interstices des briques jaunes, ne perd pas une miette du mouvement des gens dans la rue. Da offre du café à ceux qui passent devant sa porte. Vieux Os a dix ans. Il est amoureux et il a la fièvre. Tout se confond dans sa tête : Est-il amoureux à cause de la fièvre ou a-t-il la fièvre parce qu'il est amoureux ? C'est difficile de savoir. On a l'impression que la galerie de Da se trouve légèrement au-dessus de la ville. Peut-être même au-dessus du monde.

Extrait :

Vers deux heures de n'importe quel après-midi d'été, Da arrose la galerie. Elle pose une grande cuvette remplie d'eau sur un des plateaux de la balance et, à l'aide d'un petit seau en plastique, elle jette l'eau sur la galerie, d'un coup sec du poignet. Avec un torchon, elle nettoie plus attentivement les coins. Les briques deviennent immédiatement brillantes comme des sous neufs. J'aime m'allonger sur la galerie fraîche pour regarder les colonnes de fourmis noyées dans les fentes des briques. Avec un brin d'herbe, je tente d'en sauver quelques-unes. Les fourmis ne nagent pas. Elles se laissent emporter par le courant jusqu'à ce qu'elles réussissent à s'agripper quelque part. Je peux les suivre comme ça pendant des heures.

Da boit son café. J'observe les fourmis. Le temps n'existe pas.

B. : Après, ce fut *Le Charme des après-midi sans fin*…

D. : Il n'y a pas que Da à Petit-Goâve, il y a aussi la bande des garçons et des filles. Rico et Frantz, les amis de Vieux Os. Et Vava, celle qu'il aime sans oser le lui dire, ne se trouvant pas assez bien pour elle. C'est Frantz le plus beau du groupe. Toutes les filles sont folles de lui. La ville, cette fois, n'est plus aussi tranquille. Elle est en proie à de graves perturbations politiques. Un couvre-feu tombe, comme un couperet, à midi. On doit fermer les portes en plein jour. L'imagination de Vieux Os s'enflamme. Beaucoup de gens sont arrêtés, surtout ceux qui pouvaient représenter une menace quelconque pour le pouvoir. Les choses se détériorant un peu plus chaque jour, Da décide d'envoyer Vieux Os retrouver sa mère, à Port-au-Prince.

Extrait :

Je suis prêt depuis quatre heures du matin. Ma valise, appuyée contre la porte d'entrée. Gros Simon avait dit à Da qu'il passerait me prendre vers six heures. Da ne s'est pas couchée de la nuit. J'ai fait semblant de dormir. De temps en temps, je soulève la pointe du drap pour regarder Da en train de marcher dans toute la maison. Elle marmonne quelque chose que je n'arrive pas à comprendre. Est-ce un chant, une prière ou un monologue ? Je tends l'oreille, mais je ne parviens à saisir aucun mot. Elle essuie sans cesse tout (les meubles, les verres sur la panetière, les images

saintes, les statuettes) comme si on était en plein jour.
Finalement l'aube. Et Marquis qui se met à aboyer
sans raison. Se doute-t-il de quelque chose ?

— Viens ici, Marquis.

Je le prends par le cou. Il me lèche tout le visage.
Da nous regarde, debout dans l'encadrement de la
porte. Finalement, on entend le ronflement du
camion de Gros Simon.

B. : Et nous entrons dans la période troublée de
l'adolescence…

D. : Avec *Le Goût des jeunes filles*… Vieux Os vient
de quitter la quiétude d'une petite ville de province
pour tomber dans la chaudière d'huile bouillante de
Port-au-Prince. Il a du mal à comprendre cet univers
brutal où surtout les gens semblent impolis, toujours
pressés comme des fourmis folles. François Duvalier
vient de mourir, et c'est son fils Jean-Claude qui le remplace. Vieux Os vit avec sa mère et ses tantes qui l'ado-
rent, mais le barricadent dans sa chambre. C'est une
ville pleine de pièges. Une vraie jungle. Heureusement
que dans la maison d'en face niche une grappe de filles
magiques. Vieux Os passe son temps à la fenêtre à les
observer, rêvant de se trouver un jour là-bas, dans le
dortoir des jeunes filles. C'est ce qui arrivera effective-
ment durant un week-end partagé entre le désir et la
peur. Pour passer du monde calfeutré de l'enfance à
celui plein de risques de l'adolescence, il lui aura suffi
de traverser la rue.

Extrait :

Voix off – Je regarde par la fenêtre de ma chambre. Une pluie légère. Les voitures passent dans un chuintement. De l'autre côté du trottoir, c'est la maison de Miki. Toujours pleine de rires, de cris, de filles. Miki habite seule ici, mais elle a beaucoup d'amis. Il y a toujours deux ou trois voitures garées devant sa porte, prêtes à partir pour la plage, pour un restaurant à la montagne ou pour le bal. Tous les jours. Et moi, je dois étudier mon algèbre. S'il n'y avait que Miki. Mais voici Pasqualine qui s'étire comme une chatte persane. Marie-Michèle est un peu snob, et Choupette aussi vulgaire qu'une marchande de poissons. La bouche méprisante de Marie-Erna et les fesses dures de Marie-Flore. Les hommes ne sont pas toujours les mêmes. Quant à moi, je ne bouge pas de la fenêtre de ma petite chambre. À l'étage, je rêve du jour où j'irai au paradis, c'est-à-dire en face. Pour cela, dit-on, il faut mourir. C'est la moindre des choses.

B. : Autant *Le Goût des jeunes filles* se passait dans un monde clos (la chambre des jeunes filles), autant *La Chair du maître* éclate, littéralement, dans tous les sens, pour finalement présenter un portrait en pied de Port-au-Prince. Les histoires se passent à Port-au-Prince surtout, mais aussi à Pétionville, cette banlieue riche de Port-au-Prince. Sexe, races, classes, histoire et politique y sont entremêlés.

Extrait :

*Je travaille toujours seul. Comme un ver solitaire.
Je ne tue (une façon de parler) que si j'ai faim. Jamais
par plaisir. Chaque été, des cargaisons entières de
petites bourgeoises pubères débarquent ici, à la source
du plaisir. Elles choisissent leur bar, leur discothèque
au gré du vent. Nous, on attend qu'elles aient fini de
s'établir pour entrer en scène. Les avoir est devenu
aussi simple que de pêcher dans un aquarium sur-
peuplé. On n'a qu'à plonger la main. Pêche mira-
culeuse. On comprend aussi que des policiers parmi les
plus féroces soient placés dans cette zone rouge pour
nous empêcher de dévorer, comme il convient, ces suc-
culentes petites mulâtresses aux lèvres rouges de désirs
contenus qui nous viennent de ces massives demeures
scandaleusement juchées au flanc de la montagne
Noire. Elles arrivent toujours en jeep, une raquette de
tennis à la main. C'est que la drogue est un attrape-
bourgeoises. On leur refile la coke (au prix fort), et on
a, en prime, le droit d'entendre les petits cris aigus de
ces exquises petites Nadine, Régine, Stéphanie, Flo-
rence, Karine, nymphettes aux longues jambes et aux
grands yeux presque verts de peur.*

B. : *Le Cri des oiseaux fous…*

D. : Ce livre raconte la dernière nuit de Vieux Os
en Haïti. Son meilleur ami Gasner Raymond vient de
mourir, abattu par les tontons macoutes. Sa mère,
apprenant par un colonel que son fils est en danger
de mort, lui demande de quitter le pays, sans rien

dire à personne, dès le lendemain. Tout le livre se passe durant cette interminable nuit où le narrateur finira par découvrir le visage nu du pouvoir. Mais ce qu'il veut vraiment, lui, c'est rencontrer Lisa, la jeune fille à qui il n'a jamais pu dire son amour. Et revoir une dernière fois ses amis : Ezéquiel, le fou de Miles Davis, Manu, le génial musicien tout à fait désespéré, Philippe, l'ami si proche de son cœur, les filles du bordel Brise-de-mer… Durant cette odyssée, il rencontrera un homme, un homme ou un dieu du vaudou, qui lui facilitera le passage.

Extrait :

Je serai donc seul pour affronter ce nouveau monde. Comme ça, du jour au lendemain. Un univers avec ses codes, ses symboles. Une ville nouvelle à connaître par cœur. Sans guide. Ni dieu. Les dieux ne m'accompagneront pas. L'ancien monde ne pourra m'être d'aucun secours. Au contraire, il me faut tout oublier de mes dieux, de mes monstres, de mes amis, de mes amours, de mes gloires passées, de mon été éternel, de mes fruits tropicaux, de mes cieux, de ma flore, de ma faune, de mes goûts, de mes appétits, de mes désirs, de tout ce qui a fait jusqu'à présent ma vie, si je veux continuer à vivre dans le présent chaud et non sombrer dans la nostalgie du passé (ce présent que je vis encore et qui deviendra passé dans moins de trente secondes, au moment où l'avion quittera le sol d'Haïti). Et Montréal ne m'attend pas.

B. : Il prend l'avion à l'aube, laissant Haïti, peut-être pour la dernière fois…

D. : Le livre suivant commence dès sa descente d'avion. C'est *Chronique de la dérive douce*, qui raconte sa première année à Montréal. Le livre est écrit en trois cent soixante-six petits textes, disons un texte par jour puisque 1976 est une année bis-sextile. Le narrateur a vingt-trois ans. L'auteur insis-tera toujours pour dire qu'il a quitté son pays à vingt-trois ans. D'où cette manie de rappeler son âge dans chacun de ses livres. Comme tous ceux qui vivent en dehors de leur pays, il comptera son temps, de même que l'avare compte son or. On le voit déambuler dans la ville, l'œil vif. Pourtant ce n'est pas le regard d'un touriste puisqu'il n'oublie jamais qu'il est là pour rester. Vers la fin de l'année, il quitte son job, et annonce à son boss qu'il veut devenir écrivain.

Extrait :

> *Je viens de quitter une dictature*
> *tropicale en folie*
> *et suis encore vaguement puceau*
> *quand j'arrive à Montréal*
> *en plein été 76.*

> *

> *Je ne suis pas un*

touriste de passage
qui vient voir comment
va le monde,
comment vont les autres
et ce qu'ils font
sur la planète.
Je suis ici pour rester,
que j'aime ça ou pas.

*

Quitter son pays pour aller
vivre dans un autre pays
dans cette condition d'infériorité,
c'est-à-dire sans filet
et sans pouvoir retourner
au pays natal,
me paraît la dernière grande
aventure humaine.

*

Je dois tout dire dans une langue
qui n'est pas celle de ma mère.
C'est ça, le voyage.

*

Je suis allé voir le boss

après le lunch,
sur un coup de tête,
et je lui ai dit
que je quitte à l'instant
pour devenir écrivain.

B. : Et c'est pour écrire *Comment faire l'amour avec un nègre sans se fatiguer*… son premier livre…

D. : Un double premier livre puisque c'est à la fois le premier livre de l'auteur et celui du narrateur. Le narrateur écrit, lui aussi, un livre qui ressemble étrangement à celui de l'auteur. L'histoire de ces deux jeunes Nègres qui passent leur temps à philosopher, à boire du thé, à lire le Coran, à écouter du jazz, et bien sûr, à faire l'amour.

Extrait :

Je veux baiser son inconscient. C'est un travail délicat qui demande un infini doigté. Vous pensez : baiser l'inconscient d'une fille de Westmount ! Je regarde du coin de l'œil mes cuisses huilées (à la noix de coco) le long de ce corps blanc. Je prends fermement ses seins blancs. Le léger duvet sur le ventre blanc (marbre). Je veux baiser son identité. Pousser le débat racial jusque dans ses entrailles. Es-tu un Nègre ? Es-tu une Blanche ? Je te baise. Tu me baises. Je ne sais pas à quoi tu penses au fond de toi quand tu baises avec un Nègre. Je voudrais te rendre là, à ma merci.

Éroshima suit…

Extrait :

Quoi qu'il arrive, je ne bougerai pas du lit. Il n'y a rien de plus neuf que de se réveiller dans un loft aménagé par une Japonaise. Je dors sur un futon dans une pièce éclairée, brillante et presque nue.

L'appartement est un peu concave, comme si je nichais dans une coupe à cognac.

Il finit par partir à la fin du livre.

Je ne sais rien du zen. J'ai écrit ces récits cet été. Vite, très vite, en tapant avec un seul doigt sur ma vieille Remington.

Je ne sais rien du Japon, et le Japon ne sait rien de moi. J'aime la bombe parce qu'elle explose.

L'apocalypse viendra, c'est sûr, par une magnifique journée d'été. Un de ces jours où les filles sont plus radieuses que jamais. On a dit qu'on ne reconnaîtra plus personne après.

J'aurai une fleur rouge à la main.

B. : Après *Éroshima* arrive en trombe *Cette grenade dans la main du jeune Nègre est-elle une arme ou un fruit ?*

D. : … qui est une réflexion sur l'Amérique, le succès, l'écriture, une sorte de bilan sur les vingt dernières années du narrateur en terre nord-américaine. « En quoi vivre en Amérique du Nord a-t-il changé sa vie ? » se demande le narrateur en prenant un ton un peu sceptique. Il remet en question sa posture même d'écrivain en déclarant : «Je ne suis plus un écrivain nègre.»

Extrait :

L'Amérique n'a qu'une exigence : le succès. De n'importe quelle manière. Ce mot succès *n'a de sens qu'en Amérique. Que veut-il dire ? Que les dieux vous aiment. Alors les humains se rapprochent de vous, vous reniflent (le parfum capiteux du succès), vous frôlent et, finalement, dansent autour de vous. Vous êtes un dieu. Un dieu parmi les maîtres du monde. Il vous sera impossible d'aller plus loin. C'est ici le sommet. Le toit du monde. Surtout : ON VOUS REGARDE. Celui qui regarde en Amérique est toujours un inférieur, jusqu'à ce qu'un autre se mette à le regarder à son tour. Et c'est un regard furtif, rapide (pas plus de quinze secondes, n'est-ce pas, Warhol !) car il y a toujours quelque chose d'autre à sentir en Amérique. Le nouveau parfum.*

B. : Avec *Pays sans chapeau*, on est à la fin de l'aventure…

D. : Oui, d'une certaine façon, le voyage est terminé. Il ne lui reste qu'à retourner au point de départ pour boucler la boucle. C'est *Pays sans chapeau*. Le livre du retour. Il retrouve un pays méconnaissable, complètement ravagé par la misère, avec un pied dans la réalité, et l'autre dans le rêve.

Extrait :

Cette fine poussière sur la peau qui circule dans les rues entre midi et deux heures de l'après-midi. Cette poussière soulevée par les sandales des marchandes ambulantes, des flâneurs, des chômeurs, des élèves des quartiers populaires, des miséreux, cette poussière danse dans l'air comme un nuage doré avant de se déposer doucement sur les visages des gens. Une sorte de poudre de talc. C'est ainsi que Da me décrivait les gens qui vivaient dans l'au-delà, au pays sans chapeau, exactement comme ceux que je croise en ce moment. Décharnés, de longs doigts secs, les yeux très grands dans des visages osseux, et surtout cette fine poussière sur presque tout le corps. C'est que la route qui mène à l'au-delà est longue et poussiéreuse. Cette oppressante poussière blanche.

L'au-delà. Est-ce ici ou là-bas ? Ici n'est-il pas déjà là-bas ? C'est cette enquête que je mène.

B. : Ce sont les dix tomes qui forment un seul livre. On voit bien la cohérence.

D. : Oui, c'est ce livre, *Une autobiographie améri-caine*, que j'ai mis quinze ans à écrire.

B. : Tu sembles songeur… As-tu quelque chose d'autre à ajouter ?

D. : Justement, rien.

TABLE

Préface à l'édition québécoise 7
Préface de l'édition française 9
JE SUIS FATIGUÉ 13
LE SQUARE SAINT-LOUIS 13
KERO 15
LA RUE SAINT-DENIS 27
LA TÉLÉ 29
LE SOUPER 33
UN RÊVE 36
MON ÉDITEUR 38
COMMENT JE SUIS DEVENU ÉCRIVAIN 44
L'AMOUR 48
AUTOPORTRAIT 50
LE VERT PARADIS DES LECTURES ENFANTINES.....55
LA RECETTE MAGIQUE 61
UN, DEUX, TROIS LIBRAIRES 66
LE VOYAGE 70
LE CHOC CULTUREL 72
LE PREMIER ROMAN 75
LE FOLKLORE 76
NOIR/BLANC 77
LE COLONIALISME 78
L'AMÉRIQUE 82
LA LANGUE 89
LA GUERRE DES LANGUES 92
QUI CHOISIR ? 93
L'ARGENT 94
MA CONDITION D'HOMME 95
L'AMI MORT 97
BORGES 100
LES FEMMES DE MA VIE 106
LE VOYAGE ET LE RETOUR 116
LA LECTRICE 125
ŒUVRE: UNE AUTOBIOGRAPHIE AMÉRICAINE 131

CET OUVRAGE
COMPOSÉ EN SIMONCINI GARAMOND CORPS 10,5 SUR 12
A ÉTÉ ACHEVÉ D'IMPRIMER EN AVRIL 2001
PAR LES TRAVAILLEURS ET TRAVAILLEUSES
DE L'IMPRIMERIE TRANSCONTINENTAL
À L'OCCASION DE LA JOURNÉE MONDIALE DU LIVRE
LE VINGT-TROIS AVRIL DE L'AN DEUX MILLE UN
POUR LE COMPTE DE LANCTÔT ÉDITEUR.